GESTÃO DE CONFLITOS ORGANIZACIONAIS
CONSTRUÇÃO DE UM AMBIENTE PSICOLOGICAMENTE SEGURO

Ana Betina da Costa
Pires Ferreira

AMBRA
UNIVERSITY
press

Publisher: Ambra University Press
First edition: MARCH 2025 (Revision 1.0a)

Author: Ana Betina da Costa Pires Ferreira.
Title: Gestão de Conflitos Organizacionais: Construção de um Ambiente Psicologicamente Seguro
Cover design: Ambra University Press
Book design: Ambra University Press
Proofreading: Ambra University Press

E-book format: EPUB
Print format: Print format: Paperback- 6 x 9 inch

ISBN: 978-1-966958-02-4 (Print - Paperback)
ISBN: 978-1-966958-01-7 (e-book – EPUB)

Ambra is a trademark of Ambra Education, Inc. registered in the U.S. Patent and Trademark Office.
Ambra University Press is a division of Ambra Education, Inc.
Orlando, FL, USA
https://press.ambra.education/ • https://www.ambra.education/

Editora: Ambra University Press
Primeira edição: março 2025 (Revisão 1.01)

Autores: Ana Betina da Costa Pires Ferreira.
Título: Gestão de Conflitos Organizacionais: Construção de um Ambiente Psicologicamente Seguro
Design da capa: Ambra University Press
Projeto gráfico: Ambra University Press
Revisão: Ambra University Press

Formato e-book: EPUB
Formato impresso: Capa mole - 6 x 9 polegadas

ISBN: 978-1-966958-02-4 (Impresso – capa mole)
ISBN: 978-1-966958-01-7 (e-book – EPUB)

Ambra é uma marca da Ambra Education, Inc. registrada no U.S. Patent and Trademark Office.
Ambra University Press é uma divisão da Ambra Education, Inc.
Orlando, FL, EUA
https://press.ambra.education/ • https://www.ambra.education/

SUMÁRIO

SOBRE A AUTORA

ANA BETINA DA COSTA PIRES FERREIRA

Betina Costa é fundadora do Instituto Consensum – Educação e Soluções Corporativas. Atuou como assistente e diretora jurídica na Telhas Mafrense, indústria de cerâmica no Piauí (2002-2017), e como advogada trabalhista (2014-2019). Atualmente, é consultora em gestão de conflitos organizacionais, fomentando a mediação corporativa. Mestre em Direito com ênfase na Resolução de Conflitos pela Ambra University, possui certificações em Pensamento Sistêmico, PNL, Justiça Restaurativa, Mindfulness e Segurança Psicológica. Palestrante, TEDx speaker e escritora, é autora de Universo Particular e coautora de obras sobre mediação e cultura da paz.

INTRODUÇÃO

O ambiente das empresas e organizações tem passado por transformações significativas nos últimos anos, impactado pelas metamorfoses na cultura e no mercado, diante dos complexos desafios em um cenário de instabilidades econômicas, políticas, sociais e ambientais em nível mundial. O ritmo acelerado da globalização, a revolução digital e as novas dinâmicas sociais remodelaram a forma como as organizações operam e interagem com seus colaboradores. Neste contexto, os conflitos organizacionais tornaram-se uma realidade inevitável.

A crescente incerteza e volatilidade nas relações corporativas tem ampliado a intensidade das tensões e disputas dentro das empresas. Além disso, diferentes formas de violência – física, psíquica e emocional – tornaram-se mais frequentes. A cultura do silêncio predominante em muitas organizações desencoraja a expressão de receios, dúvidas, erros e sentimentos, tornando o ambiente pouco propício ao enfrentamento de desafios complexos.

Esse cenário pode resultar na propagação do medo da retaliação, contribuindo para um clima organizacional tóxico e, em alguns casos, caracterizando assédio moral. Este ambiente de trabalho resulta em impactos negativos às empresas e afeta significativamente a saúde mental e a segurança psicológica dos colaboradores.

Ao mesmo tempo, a sociedade contemporânea vem se tornando mais expressiva e reivindicativa, ao elevar o grau de expressão de suas singularidades, e exercer seu poder de vocalização, principalmente nas redes sociais. No entanto, essa maior liberdade de expressão, em vez de fomentar o diálogo, tem intensificado reações, antagonismos e resistências por outras identidades coletivas, muitas vezes reduzindo debates a polarizações rígidas. Esse fenômeno, combinado com a interdependência nas relações humanas e a influência das redes sociais, impacta diretamente a cultura organizacional, tornando os conflitos ainda mais evidentes e desafiadores.

A sociedade em rede se compõe de características que penetram na cultura das empresas de forma a trazer significativa instabilidade nas relações e nas instituições, tornando-se fator para o escalonamento de conflitos, diante da interdependência nas relações humanas. É cediço que as interações entre os públicos que compõem uma organização não estão mais restritas ao ambiente físico. Com a internet, a convivência dos atores se estende à ampla dimensão do espaço virtual, seja em um viés profissional, no âmbito da organização, seja interpessoal, diante do massivo uso das redes sociais.

O espaço virtual, ao expandir as interações entre os membros de uma organização, também amplifica os impactos da comunicação empresarial. Empresas que não possuem uma identidade coletiva bem definida, com valores e objetivos estratégicos claros, encontram maior dificuldade em manter um ambiente organizacional coeso, produtivo e saudável.

Como organismo vivo, uma empresa está, portanto, suscetível à qualidade das relações entre pessoas de diversos valores, personalidades, papéis e posições, que interagem para alcançar objetivos e interesses, comuns ou não à própria organização a qual fazem parte.

Diante desse cenário, torna-se essencial adotar abordagens eficazes para a gestão de conflitos. Muitas empresas ainda optam por agir de maneira reativa, lidando com desentendimentos apenas quando estes atingem um nível crítico, gerando impactos negativos na produtividade, na cultura organizacional e na motivação das equipes. No entanto, os conflitos não precisam ser encarados como ameaças; pelo contrário, quando bem gerenciados, eles representam oportunidades valiosas para aprendizado, inovação e fortalecimento das relações interpessoais.

A mediação de conflitos surge como uma solução estratégica e eficaz, permitindo transformar desafios em crescimento. Mais do que simplesmente resolver disputas, a mediação promove um ambiente organizacional pautado no diálogo, na confiança e na cooperação. Empresas que investem na prevenção e gestão estruturada de conflitos experimentam redução nos custos operacionais, aumento do engajamento dos colaboradores e fortalecimento da sua identidade organizacional.

A mediação se configura no principal meio de solução de disputas adequado ao contexto empresarial, diante de suas qualidades e técnicas, que norteiam a customização de um sistema de gestão de conflitos. Sua implementação no cotidiano organizacional se configura em estratégia eficaz a fomentar um ambiente aberto ao diálogo, com maior protagonismo, autonomia da vontade e comprometimento de líderes, gestores e colaboradores, favorecendo uma cultura organizacional psicologicamente saudável.

Além disso, a segurança psicológica desempenha um papel fundamental nesse processo. Esse conceito refere-se à crença coletiva de que é possível assumir riscos interpessoais sem medo de retaliação ou punição. A criação de um ambiente no qual os colaboradores se sintam seguros para expressar preocupações, admitir falhas e propor soluções favorece a construção de equipes mais coesas e produtivas.

A má gestão de conflitos nas empresas se configura em um problema contemporâneo importante diante dos impactos negativos na empresa e na vida dos colaboradores, e o método da mediação viabiliza caminhos para a criação de ambientes seguros para dialogar sobre controvérsias, erros e falhas, a partir da confidencialidade, da imparcialidade do mediador, da autonomia da vontade dos envolvidos, do empoderamento e cooperação. A percepção de confiança no procedimento de mediação promove um ambiente aberto ao diálogo e à cooperação.

Nesse contexto, o Desenho de Sistema de Disputas – DSD, inspirado em modelos internacionais, como Integrated Conflict Management System – ICMS, tem sido amplamente adotado como estratégia estruturada para a gestão de conflitos organizacionais. O DSD permite que as empresas desenvolvam um sistema personalizado para mapear disputas, estabelecer canais de comunicação eficazes e monitorar continuamente as dinâmicas internas.

O DSD se configura em técnica de organização deliberada para diagnóstico, mapeamento de conflitos, descrição de caminhos possíveis de resolução, e tratamento adequado das disputas, moldando-se às especificidades do modelo de negócio e cultura organizacional. Assim, são abordados os passos de como sistematizar internamente a mediação pelas corporações, com o escopo de gerir os conflitos organizacionais de forma consensual e transformativa, e identificar narrativas de estratégias que fomentem um ambiente psicologicamente seguro.

Este livro foi concebido para líderes empresariais, gestores de recursos humanos e profissionais que desejam interessados em incorporar a mediação à cultura organizacional e quais são os passos práticos para criar um sistema interno de gestão de conflitos. Ao longo dos capítulos, exploraremos desde a importância do diálogo até a implementação prática de um sistema estruturado de gestão de disputas. O objetivo é fornecer um guia aplicável para que sua organização não apenas resolva conflitos, mas também os previna de maneira estratégica e eficiente.

Se sua meta é transformar conflitos em oportunidades e fortalecer o capital humano da sua empresa, você está no caminho certo. Vamos juntos explorar o poder da mediação na construção de ambientes corporativos mais colaborativos, inovadores e sustentáveis.

Nesta linha, o livro está dividido em 5 capítulos.

No primeiro capítulo, é abordado o paradigma que propõe a mudança de postura e mentalidade acerca da judicialização no Brasil, caracterizada pela terceirização na tomada de decisão; para uma mentalidade voltada ao protagonismo nas soluções, viabilizadas por meios consensuais de solução de controvérsias. Quanto ao contexto brasileiro, a pesquisa buscou dados para descrever a realidade de litigância e o discreto avanço dos métodos consensuais na esfera judicial.

No capítulo seguinte, é abordado o contexto organizacional e compreensão dos conflitos que ocorrem no ambiente de trabalho e impactam a cultura organizacional. Este trabalho leva em consideração a concepção de conflito como manifestação inerente às relações humanas e oportunidade para evolução, o que pode se configurar em motor de mudanças para o público interno das empresas.

No quarto capítulo, é apresentada a mediação, como método consensual de solução de conflitos, com ênfase na perspectiva da Escola Transformativa. São descritas suas qualidades intrínsecas e princípios norteadores, de forma a orientar a inserção deste método no sistema de gestão de conflitos organizacionais nas empresas para gerir essas relações que se prolongam no tempo e são interdependentes.

No último capítulo do livro, levou-se em consideração as etapas a serem estruturadas na sistematização dos métodos e procedimentos relativos à mediação. Com o avanço da compreensão do sistema multiportas, verificou-se a viabilidade de estruturar um sistema interno às empresas, abrangendo meios consensuais, aptos a gerar transformações positivas nas relações e nos processos organizacionais, fomentando a segurança psicológica no ambiente de trabalho.

DO CONFLITO AO CONSENSO: UMA NOVA ABORDAGEM PARA AS EMPRESAS

As empresas modernas operam em um ambiente dinâmico e interconectado, onde os conflitos organizacionais são inevitáveis. A forma como esses conflitos são gerenciados pode determinar o sucesso ou o fracasso de uma organização. No modelo tradicional, disputas eram frequentemente encaminhadas ao Judiciário, prolongando processos e desgastando as relações internas. No entanto, com a evolução das práticas empresariais, cresce a compreensão de que métodos consensuais, como a mediação, oferecem soluções mais ágeis e eficientes.

O PARADIGMA DA LITIGIOSIDADE E O PARADIGMA DO CONSENSO

Historicamente, muitas empresas recorreram à via judicial para solucionar disputas internas e externas. Esse modelo, no entanto, enfrenta sérias limitações, como morosidade, altos custos e decisões que nem sempre atendem às reais necessidades das partes envolvidas. Em contrapartida, o paradigma do consenso propõe que os conflitos sejam resolvidos por meio do diálogo estruturado e da participação ativa dos envolvidos, permitindo soluções mais satisfatórias e sustentáveis.

A cultura da litigiosidade se sustenta na ideia de que um terceiro imparcial, como um juiz ou árbitro, deve impor uma decisão. Já o paradigma do consenso sugere que as próprias partes assumam o protagonismo da solução, com o auxílio de um mediador. Esse novo olhar permite que as empresas cultivem um ambiente de trabalho mais colaborativo e inovador.

Este capítulo examina a transição entre esses paradigmas no Brasil, destacando as implicações culturais e institucionais dessa mudança.

A análise começa com a caracterização da cultura da litigiosidade no Brasil, explorando dados que evidenciam a predominância do uso do Judiciário. Em seguida, discute-se a introdução e evolução dos meios consensuais de solução de conflitos, incluindo sua base legal e o potencial de impacto positivo nas relações sociais e organizacionais. Por fim, o capítulo propõe uma reflexão sobre a necessidade de uma mudança cultural para consolidar a cultura do consenso.

Vivencia-se uma mudança de paradigmas quanto à resolução de conflitos, coabitando duas visões que parecem antagônicas, a partir do delineamento de uma menor ou maior participação cooperativa dos envolvidos na solução de uma disputa. No entanto, são paradigmas que se complementam, compondo meios e processos que se articulam em um sistema para promover a resolução de conflitos.

Existe um paralelismo entre a cultura da litigiosidade ou "cultura da sentença", conforme denominado pelo professor Kazuo Watanabe (2005), que se apoia na autoridade da decisão do Poder Judiciário para resolver disputas. Em contrapartida à "cultura do consenso" ou "cultura da pacificação", que favorece a administração de conflitos mais participativa e incentiva as partes a colaborem com autonomia da vontade na criação da solução.

A cultura da sentença está relacionada ao paternalismo, em que os cidadãos esperam do Estado a solução para suas disputas. Enquanto a cultura do consenso está correlacionada a concepção de protagonismo, em que os "sujeitos assumem a autoria da solução de seus conflitos" (Almeida, 2014, posição 2881).

Simultaneamente, é cediço que a sociedade experimenta um momento de maior liberdade e vocalização, sem a equivalência da assunção de responsabilidade pela expressão de suas ideias e singularidades, potencializando a polarização de temas contemporâneos. As interações entre múltiplas visões têm implicações positivas e negativas, que podem gerar atritos e cenários que suscitam tensões e embates, virtuais e/ou presenciais.

A sociedade hodierna está inapta a dialogar sobre controvérsias e a maior barreira para a concretização dos meios consensuais se encontra nesta reduzida capacidade de exercício da autonomia da vontade dos envolvidos em uma disputa. E o ponto crucial na construção de uma cultura do consenso é o exercício da autonomia da vontade, "entendida como o sentimento de que existe, no sujeito, uma possibilidade de tomar decisão sobre sua vida e suas escolhas" (Fisher & Shapiro, 2005, citados por Faleck, 2018, p. 152).

No entanto, em muitos sistemas jurídicos, como o do Brasil, a litigiosidade tem sido historicamente o sistema de resolução de disputas dominante, em que a figura do Estado, por meio do Poder Judiciário, é incumbida de julgar o conflito entre duas ou mais partes, e sua decisão tem força de lei entre os envolvidos.

Assim, o brasileiro busca a segurança jurídica das decisões judiciais, que garantem, até certo ponto, a execução de direitos que possam vir a ser reconhecidos no processo perante um tribunal, pois o Estado detém o poder-dever de exercer a jurisdição, afirmando a aplicabilidade da lei ao caso concreto e impondo com força executiva a decisão judicial. Há estudos que constatam um número de ações judiciais por juiz bem superior no Brasil em relação a outros países.

Segundo dados da Justiça em Números (Brasil, 2023), verificou-se que o Poder Judiciário possui 63 milhões de ações judiciais em andamento no final do ano de 2022. O estudo registra o crescimento do acesso à justiça no período pós-pandemia, e "que o ano de 2022 foi o segundo maior ponto da série histórica no que se refere às demandas que chegam ao judiciário" (Brasil, 2023, p.93).

Conclui o estudo que o ano de 2022 representou "o maior pico de demanda judicial de toda a série histórica compreendida entre os anos de 2009 a 2022, o que pode denotar o ingresso de ações represadas nos anos de 2020 e 2021 em razão da pandemia" (Brasil, 2023, p.299).

Esses números representam que, "em média, a cada grupo de mil habitantes, 127 ingressaram com uma ação judicial", correspondendo a um "aumento em 7,4% no número de casos novos por mil habitantes em 2022, em relação a 2021".

Verifica-se, assim, no Brasil, uma acentuada e crescente procura pela solução judicial representada pela sentença, "formal, contenciosa e adjudicada dos conflitos de interesse", sem o objetivo de buscar uma solução que leve à pacificação social (Lagrasta, 2024, p.20). A sentença imposta às partes, em sua maioria, promove o descontentamento e a contrariedade, quanto a uma parte, quando não às duas, ensejando o manejo de recursos e procedimentos de execução, prolongando o acesso ao sistema judicial e dificultando uma decisão que leve à satisfação das partes (Lagrasta, 2024).

O paradigma da litigiosidade se caracteriza pela formalização do processo para debate a ser travado entre as partes, sob o crivo do contraditório, culminando na decisão judicial (Câmara, 2016). Segundo Câmara (2016, p. 33), "jurisdição é a função estatal de solucionar as causas que são submetidas ao Estado, através do processo, aplicando a solução juridicamente correta."

Neste contexto de litigiosidade, as decisões judiciais possuem força vinculativa para as partes envolvidas no litígio, com a participação ativa e essencial de advogados como representantes dos interesses de seus constituintes. Assim, prevaleceu, por muito tempo, a postura adversarial como única solução legítima às disputas.

Para contextualizar o pensamento litigante que ainda influenciou, durante décadas, a formação nas Faculdades de Direito, cita-se Câmara (2016, p.11) que descreve uma visão do paradigma da litigiosidade que contrapõe a viabilidade do consenso e da cooperação:

Seria evidentemente uma ingenuidade acreditar que os sujeitos do processo vão se ajudar mutuamente. Afinal, litigantes são adversários, buscam resultados antagônicos, e seria absurdo acreditar que o demandante vai ajudar o demandado a obter um resultado que lhe interesse (ou vice-versa). Mas não é disso que se trata. O princípio da cooperação deve ser compreendido no sentido de que os sujeitos do processo vão "co-operar", operar juntos, trabalhar juntos na construção do resultado do processo. Em outros termos, os sujeitos do processo vão, todos, em conjunto, atuar ao longo do processo para que, com sua participação, legitimem o resultado que através dele será alcançado.

Portanto, o paradigma da litigiosidade é fulcrado basicamente em um modelo adversarial, no qual as partes apresentam ao Estado-Juiz seus casos de maneira contenciosa, argumentando, no exercício do contraditório, a partir de posições opostas, para a construção da decisão judicial. O juiz atuará de maneira imparcial, decidindo a melhor solução para os litigantes quanto à lide levada a juízo, não adentrando à lide sociológica, causa original do conflito. Configura-se, assim, a terceirização das decisões para a resolução das disputas.

É de conhecimento geral que, com o decorrer do tempo, o Judiciário se mostrou insuficiente para solucionar de forma satisfatória diante do volume considerável de demandas que lhe são submetidas. Há um número preocupante de processos pendentes de resolução, com longos períodos de litígio, e uma forte sensação de insatisfação com a prestação jurisdicional, mesmo com a conclusão favorável do processo.

Ocorre, com frequência, a sensação de perda, mesmo quando a parte é vencedora em um litígio, diante de questões de tempo, custos e, principalmente, desgaste na relação que cause o rompimento do vínculo (Brasil, 2016).

Em decorrência do cenário nacional de morosidade e ineficácia das decisões judiciais, descortinou-se uma busca por teorias e experiências práticas, inclusive internacionais, com estratégias diferentes para viabilizar o amplo acesso à justiça.

A partir da década de 60, surgiu, nos Estados Unidos, uma convergência de estudos e práticas com outros métodos de solução de disputas, nomeados inicialmente como meios "alternativos" ao sistema adversarial. Em meados da década de 70, o professor americano da Harvard Law School, Frank Sander, começou a difundir estudos acadêmicos acerca do modelo denominado Multidoor Courthouse (Gimenez, 2017).

Nesta perspectiva, Sistema Multiportas contempla um conjunto estruturado de métodos de resolução de disputas para o tratamento adequado das controvérsias. Segundo Almeida e Silva (2021, p.398):

> A expressão Sistema Multiportas, cunhada por Frank Sander em 1976 tem caracterizado o que diferentes nações hoje apresentam como realidade: um conjunto de métodos de resolução de controvérsias à disposição dos cidadãos no âmbito privado e, mais recentemente, no próprio Judiciário. Dentre os principais benefícios respectivos, a possibilidade de atuação regida pelo princípio da adequação, repisando a pergunta sobre qual o melhor instrumento para cada caso específico. Seguramente, não se precisa mais transitar entre os dois únicos polos existentes anteriormente, a negociação ou o litígio.

Assim, por meio de uma estrutura coordenada, é viabilizada a escolha do jurisdicionado dentre várias opções de métodos para resolver disputas, de acordo com a adequação dos mecanismos aos contextos e relações. Caminhos são disponibilizados de forma a tratar disputas e suas especificidades, com respostas procedimentais capazes de atender mais eficazmente as necessidades da lide, inclusive a lide sociológica.

No Brasil, até o ano de 2010, a legislação contemplava de forma dispersa o método da conciliação, como o Código de Defesa do Consumidor, a Lei dos Juizados Especiais Cíveis e Criminais e a Consolidação das Leis Trabalhistas

(Ferreira, 2023). A palavra justiça, até então compreendida como Poder Estatal, diante da maior procura do Judiciário na resolução de disputas, passou a expressar a concepção de justiça no sentido do valor social.

Kazuo Watanabe (2017) pontua que, na década de 1980, iniciou-se uma intensa transformação no sistema processual no Brasil a partir de alguns eventos, dentre eles, a criação dos Juizados Especiais de Pequenas Causas em 1984. Segundo o autor, a mudança contemplou a ideia de acesso à ordem jurídica justa, abrangendo o direito do cidadão de ser ouvido e contemplado em situações mais amplas tanto na esfera judicial, quanto na extrajudicial (Watanabe, 2017).

O princípio do acesso à justiça está previsto no artigo 5º, inciso XXXV, da Constituição Federal, que assegura a todos o direito de recorrer à Justiça, no sentido dos órgãos judiciários, no caso de lesão ou ameaça a direito. No entanto, conforme assevera Watanabe, o acesso à ordem jurídica justa engloba a disponibilização dos meios adequados de solução de conflitos como caminhos para alcançar a justiça, como valor. Assim, a garantia abrange o direito do cidadão de buscar a solução mais adequada ao seu conflito, com maior autonomia da vontade.

Este conceito mais atualizado de acesso à justiça foi, então, inserido pelas normas: (i) Resolução nº 125/2010, do Conselho Nacional de Justiça, que dispõe sobre a Política Judiciária Nacional de tratamento adequado de conflitos; (ii) o marco regulatório trazido pela Lei 13.140/2015; e (iii) pelo novo Código de Processo Civil, Lei nº 13.105 de 16 de março de 2015. Inclusive, no arcabouço jurídico do Código de Processo Civil, o legislador demonstrou especial atenção aos métodos da conciliação e mediação no curso do processo civil.

A regulamentação pela Resolução nº 125/2010 instituiu a Política Judiciária Nacional de tratamento adequado dos conflitos de interesse no âmbito do Poder Judiciário. O arcabouço normativo trouxe a implementação da mediação e, assim, fortaleceu a visão da resolução de conflitos no viés consensual e colaborativo, transformando a perspectiva de contraditório tão presente no paradigma da litigiosidade, como registram Baptista e Filpo (2011, p.55):

Tradicionalmente, a ideia de contraditório, para o discurso doutrinário, sempre esteve restrita ao direito de defesa das partes e de isonomia nas oportunidades de manifestações processuais. Hoje, no entanto, vemos um novo conceito de contraditório se delineando, que vem sendo reelaborado pelos processualistas brasileiros, chamado de "contraditório cooperativo", que visa adequar discursivamente a proposta de consenso à uma nova realidade por ser ainda construída.

Diante do contexto desafiador do Judiciário brasileiro, e a partir da regulamentação dos meios de solução de conflitos, principalmente a mediação, ganhou força a compreensão do acesso à justiça para outros âmbitos fora do Judiciário. Amplia-se, assim, a abrangência do valor justiça para instituições não estatais, que buscam viabilizar caminhos para soluções pacíficas aos conflitos (Sadek, 2017).

Quanto aos dados do Conselho Nacional de Justiça (CNJ) acerca da evolução da conciliação, entendida neste contexto como política permanente do CNJ desde 2006, ainda não é observada uma mudança significativa no indicador de conciliação (Brasil, 2023).

Os dados reforçam um panorama, no Brasil, de maior litigância e uma menor expressividade dos meios consensuais de solução de conflitos, dentro do Poder Judiciário. É cediço que não basta a previsão legal para a inserção da concepção do consenso para a restauração das relações sociais, viabilizado por mecanismos processuais mais flexíveis e que fomentam o diálogo e a abordagem de questões de ordem subjetiva.

Ainda há resistências culturais, mesmo após duas décadas de regulamentação, conforme descrito por Kazuo Watanabe (2017, p.29),

[...] o grande desafio nosso está em vencer a 'cultura da sentença', ou a 'cultura do litígio', e a mentalidade predominante entre os profissionais do direito e também entre os próprios destinatários dos serviços de solução consensual dos litígios, que é a da submissão ao paternalismo estatal. Há, ainda, a preferência pela solução adjudicada por terceiros, em especial pela autoridade estatal, e grande parte da população não conhece os benefícios da solução consensual dos conflitos de interesses.

Este livro parte da premissa de que estamos vivenciando uma mudança de paradigma quanto à resolução dos conflitos, considerando uma maior participação dos envolvidos em disputas na busca de soluções mais satisfatórias. A mudança cultural não deve se restringir aos operadores do Direito, magistrados, advogados, promotores e todo o corpo técnico-jurídico, deve-se ampliar a percepção para englobar o âmbito privado das relações, o usuário do Poder Judiciário e os atores sociais. Para Ada Pellegrini Grinover, citada por Lagrasta (2024, p.22):

> Enquanto a Justiça tradicional se volta para o passado, julga e sentencia, a Justiça informal se dirige ao futuro, compõe concilia, previne situações de tensões e rupturas; e por este motivo, se mostra mais apropriada para certos tipos de conflito nos quais se faz necessário atentar para os problemas de relacionamento que estão na base da litigiosidade, mais do que aos meros sintomas que revelam a existência desses problemas.

A transformação de paradigmas é essencial para que possamos dispor de meios que viabilizem a efetiva solução de controvérsias, inclusive com métodos consensuais, de forma a proporcionar o tratamento adequado a cada tipo de conflito e, assim, o amplo acesso à justiça. Tais mecanismos surgem como ferramentas para a expressão da autonomia da vontade na resolução de disputas, em que os indivíduos possuem liberdade para optarem por tais caminhos.

Soluções consensuais, assim, proporcionam e demandam mais envolvimento das pessoas em conflito, colocando-os como maiores protagonistas da transformação da relação. Maia et al. (2021, p.47) pontuam que "essa tendência representou grande mudança de paradigma, na medida em que passou a exigir dos membros da sociedade uma maior participação e envolvimento na solução de suas divergências".

É preciso fomentar conhecimentos e experiências que transformem o cenário de terceirização da tomada de decisão, em que se acreditava que para o acordo acontecer, uma das partes deveria ceder seu direito em favor do vencedor, submetendo-se à vontade do oponente negociador. E, assim, compreender a viabilidade de cooperação na resolução de disputas, na maior parte dos casos submetidos ao Judiciário, incentivando a sociedade a exercer uma maior autonomia da vontade em outros ambientes de relações interpessoais diversas e intensas, reservando ao Poder Judiciário as causas com maior complexidade legal e que demandam a segurança jurídica das decisões estatais.

Diante de um contexto desafiador de adversidades e crescimento de expressões de singularidades, o paradigma consensual promove formas de soluções viáveis a conciliar interesses múltiplos. Assim, as instituições privadas podem contribuir com o Poder Judiciário, mitigando o número de demandas judiciais e viabilizando que a terceirização de decisões se destine a litígios de maior potencial conflitivo.

No sentido das proposições acima, este livro faz o convite a algumas reflexões. É indubitável que identidades coletivas não estatais desempenham importante papel na transformação cultural. O âmbito privado pode nortear o próprio sistema de gestão de conflitos em balizas consensuais, incentivando os públicos com os quais interage a assumir maior autonomia da vontade e conhecer os benefícios das soluções dialogadas.

A tendência da cultura de paz ao redor do mundo é promover o protagonismo das singularidades na pacificação social, por meio do desenvolvimento de habilidades e competências para a abordagem positiva em conflitos. Em um cenário dividido por polarização, é essencial que, em ambientes diversos, inclusive em organizações, sejam disponibilizados caminhos que facilitem o diálogo e a harmonização de interesses, mitigando disputas e direcionando adequadamente as suas resoluções.

MEIOS ADEQUADOS DE SOLUÇÃO DE CONFLITOS

Os meios consensuais de solução de conflitos abrangem métodos com abordagens diferentes da jurisdição e da arbitragem. Incorporam valores com o objetivo de facilitar a comunicação e expressão da autonomia da vontade das partes, com compreensão mútua, de forma a viabilizar a criação de soluções mais satisfatórias para os envolvidos na controvérsia. Por sua vez, a expressão "métodos adequados" engloba todas as formas de resolução de disputas, adversariais e consensuais.

O termo foi originalmente cunhado como meios alternativos de resolução de disputas em relação ao processo judicial, sob a sigla ADR nos Estados Unidos, que designa a expressão Alternative Dispute Resolution (Lagrasta, 2024). No entanto, os métodos consensuais possuem expressividade no tratamento das controvérsias, não se configurando em alternativas à jurisdição, e sim, uma escolha adequada conforme a tipologia do conflito e da relação, ou seja, um meio adequado de resolução para cada disputa em análise.

O termo "adequado" expressa melhor a concepção dos métodos consensuais, na medida em que eles não se enquadram em caminho alternativo à jurisdição. A adequação dos meios envolve a compreensão de que há um método de solução mais apropriado a tratar conflitos, conforme suas especificidades (Pantoja & Almeida, 2021).

Assim, a escolha por um meio consensual de resolução de disputas não exclui o processo judicial, por serem métodos complementares (Lagrasta, 2024). Sob a perspectiva da adequação, os métodos de resolução de disputas serão escolhidos diante das circunstâncias do contexto conflitivo e das qualidades intrínsecas da relação conflituosa, numa livre manifestação de vontade dos envolvidos.

A partir da análise da natureza e espécie da controvérsia, será manejado um método mais adequado ao contexto, "não havendo hierarquia ou prevalência entre os meios" (Pantoja & Almeida, 2021, p.63).

Ou seja, cada controvérsia indica uma porta a ser aberta como mecanismo processual mais adequado às especificidades do contexto, gerando soluções com maior eficiência e satisfação, a partir da manifestação da vontade dos interessados. Dessa forma, estrutura-se um sistema instrumentalizado para a "satisfação plena dos escopos da jurisdição, a conciliação e a mediação" (Lagrasta, 2024, p.32).

Tradicionalmente, são apontados como os principais métodos, negociação, mediação, conciliação, arbitragem, em que a escolha do meio depende da natureza do conflito, da relação e do contexto específico. No entanto, há uma variedade de métodos descritos na doutrina e na prática nacional e, principalmente, internacional, possuindo princípios comuns, tais como voluntariedade, confidencialidade e promoção da autodeterminação das partes. Pereira (2016, p.8) registra:

> As modalidades mais disseminadas são Arbitragem, Mediação, Conciliação e Negociação, mas, além destes, há um vasto e crescente leque de recursos disponíveis, a exemplo de Med-Arb, Arb-Med, Minitrial, Dispute Resolution Boards, Early Neutral Evaluation, Ombudsman, Conflict Coaching e Open Door Policy.

Neste sistema de resolução de disputas, os principais meios, negociação, conciliação, mediação, arbitragem e o próprio Poder Judiciário, diferenciam-se diante da maior ou menor autonomia do operador de conflitos, em que "a negociação e o processo judicial se encontram em extremidades opostas" (Brasil, 2016, p.18).

Torna-se pertinente a análise da Figura 1, gráfico elaborado pelo CNJ (Brasil, 2016, p.19), que detalha as características intrínsecas dos métodos, diferenciando-os conforme o menor ou maior grau de protagonismo dos envolvidos na solução do dissenso. Verifica-se que o sistema contempla meios autocompositivos (conciliação e mediação), em que há maior autonomia da vontade dos envolvidos no conflito, criando soluções mais adequadas aos seus contextos, a partir de um facilitador imparcial. Enquanto a arbitragem e a decisão judicial compõem a outra extremidade, caracterizados como métodos heterocompositivos, na medida em que a decisão é outorgada por terceiro imparcial, havendo terceirização do poder decisório.

Figura 1: Gráfico elaborado pelo CNJ

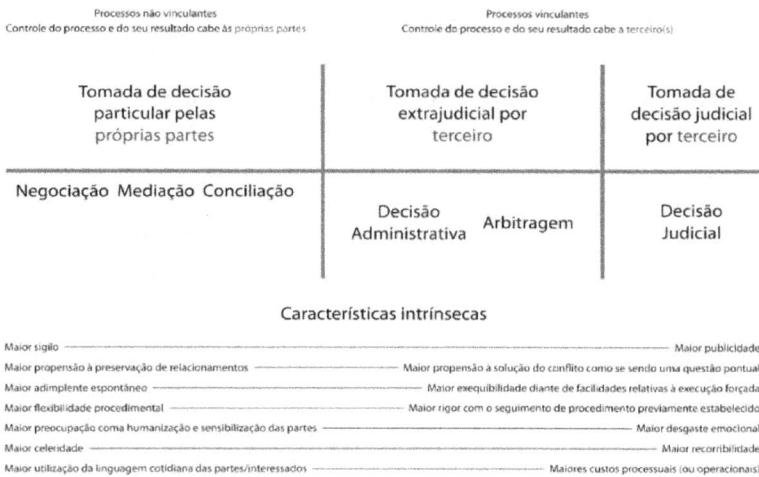

Processos não vinculantes Controle do processo e do seu resultado cabe às próprias partes		Processos vinculantes Controle do processo e do seu resultado cabe a terceiro(s)	
Tomada de decisão particular pelas próprias partes	Tomada de decisão extrajudicial por terceiro		Tomada de decisão judicial por terceiro
Negociação Mediação Conciliação	Decisão Administrativa	Arbitragem	Decisão Judicial

Características intrínsecas

Maior sigilo	Maior publicidade
Maior propensão à preservação de relacionamentos	Maior propensão a solução do conflito como se sendo uma questão pontual
Maior adimplente espontâneo	Maior exequibilidade diante de facilidades relativas à execução forçada
Maior flexibilidade procedimental	Maior rigor com o seguimento de procedimento previamente estabelecido
Maior preocupação com a humanização e sensibilização das partes	Maior desgaste emocional
Maior celeridade	Maior recorribilidade
Maior utilização da linguagem cotidiana das partes/interessados	Maiores custos processuais (ou operacionais)

Fonte: Brasil (2016).

Quanto à autocomposição, as partes possuem poder de decisão. Conforme pontua Lagrasta (2024), a solução pode ser unilateral quando for resultado da cessão de direito de uma parte em favor da outra; ou bi/multilateral, quando dois ou mais envolvidos constroem conjuntamente a solução. Nesta última, o acordo pode ser obtido diretamente, por negociação das partes; ou, ser resultado da facilitação de um terceiro neutro (conciliador, mediador ou avaliador neutro) que auxilia as partes no caminho de solução.

Por sua vez, a heterocomposição configura-se em método adversarial que abrange mecanismos de solução de conflitos em que o poder de decisão é transferido a um terceiro, ao qual as partes se submetem. "Os principais exemplos de meios heterocompositivos de solução de conflitos são o processo judicial (heterocomposição pública ou estatal) e a arbitragem (heterocomposição privada)" (Lagrasta, 2024, p.77).

Neste mesmo sentido, Silva pontua (2020, p.53):

> Os mecanismos direcionados ao acordo dependem basicamente da convergência de vontade dos envolvidos. Já os mecanismos baseados em decisão dependem principalmente da legitimidade do terceiro – legitimidade que pode advir do seu poder de impor a decisão (v.g., a jurisdição) ou do consenso das partes em se submeter à decisão por ele proferida (em última análise, também de um acordo; v.g., a arbitragem).

Os mecanismos se diferenciam levando em consideração o posicionamento das partes diante das controvérsias, variando conforme uma maior autonomia até à imposição de uma decisão por um terceiro, juiz ou árbitro. E os procedimentos e mecanismos processuais são dispostos de forma organizada, considerando as características de cada contexto da relação conflituosa.

Portanto, os métodos adequados se configuram como possíveis portas dentro do sistema de gestão de conflitos, que cooperam com o processo judicial na pacificação social e no amplo acesso à justiça. Cada método exerce uma função específica para atender aos diversos tipos de conflitos, integrando o sistema, não como alternativa à jurisdição, mas como a melhor e mais adequada escolha de resolução das controvérsias.

A decisão pelo melhor método pressupõe a adequação de algumas características deste método com aspectos intrínsecos ao contexto, tais como flexibilidade, relacionamento, sigilo, custos materiais e emocionais, cumprimento espontâneo (Brasil, 2016).

Essencial observar que há meios que priorizam questões subjetivas importantes, levando em consideração aspectos pessoais e relacionais não abrangidos no processo judicial. Quanto maior a autonomia da vontade na condução do processo de resolução de controvérsias, maior a possibilidade de tratar assuntos subjetivos sensíveis e complexos, diante da maior flexibilidade (Lagrasta, 2024).

A flexibilidade é característica dos processos autocompositivos, promovendo maior adaptação às relações duradouras, preservando-as ou transformando-as ao viabilizar acordos mutuamente satisfatórios com o diálogo, ponto essencial na cultura e dinâmica das empresas.

Diante dos benefícios dos MASCs, verifica-se a pertinência e importância da implementação dos métodos consensuais no meio empresarial, em que as relações interpessoais são complexas e se prolongam no tempo e no espaço. Não há restrição de sistematização destes meios apenas à esfera pública, estando disseminados na esfera privada de administração de disputas.

Contribuem, assim, na gestão adequada de conflitos empresariais, resolvendo, transformando e, inclusive, prevenindo controvérsias, a partir do diagnóstico de cada contexto de disputa para compreender o mecanismo mais adequado a resolvê-la. Neste viés, os meios consensuais promovem benefícios ao ambiente de negócios na medida em que valorizam a autonomia da vontade na tomada de decisões, ao trazer estratégias de gestão adequada das relações interpessoais com mitigação dos custos dos conflitos, em termos econômicos, relacionais e humanos.

Em um ambiente de diálogos, viabilizados por métodos consensuais, é possível manter e transformar positivamente relações com qualidade e motivação, não obstante a existência de adversidades e interesses aparentemente divergentes, prevenindo riscos interpessoais no contexto organizacional. Destaca Faleck (2018, p.9):

> A prevenção e a gestão positiva dos conflitos são determinantes para o desenvolvimento e a eficiência dos negócios, na medida em que possibilitam a preservação de valiosos relacionamentos internos e externos, a considerável redução de custos, a economia de tempo

e a obtenção de soluções mais satisfatórias, criativas e duráveis aos conflitos de interesses.

Neste sentido, os MASCs podem ser manejados de forma mais eficiente a partir da estruturação de uma metodologia sistêmica que auxilie a escolha de qual método e procedimento mais adequados ao contexto conflitivo dentro do ambiente empresarial. A sistematização da gestão de conflitos estrutura caminhos seguros para a transformação e dissolução de disputas, viabilizando a confiança no processo.

O CONSENSO E O DIÁLOGO NA RESOLUÇÃO DE CONFLITOS

Com a mudança de paradigma, passa-se a delimitar melhor a compreensão da ideia de consenso e de diálogo. São duas palavras que tem expressividade no delineamentos dos métodos adequados de solução de conflitos.

A Constituição Federal, em seu Preâmbulo, estabelece o compromisso do Estado Brasileiro, na ordem interna e internacional, com a solução pacífica das controvérsias. É notória a intenção da carta constitucional, que reforça a tendência normativa de expansão dos métodos consensuais, apresentando os fundamentos para interpretação de uma nova ordem (Lagrasta, 2024).

No entanto, como foi visto, ainda coexiste uma forte cultura jurídica e social voltada à delegação do poder de decisão à autoridade. Prevalece o desconhecimento acerca da utilização dos meios consensuais, inclusive uma resistência por parte da advocacia tradicional, embasada na crença de que sua atuação profissional pode ser enfraquecida (Lagrasta, 2024).

O exercício dos métodos consensuais esbarra, principalmente, nesta crença coletiva de avaliar apenas a autoridade jurídica como capaz de decidir acerca das disputas, desfavorecendo o exercício do protagonismo das partes envolvidas com visões de que seria uma cessão de direitos.

Fisher, Ury e Paton (2018, p.10) alertam sobre as incertezas na compreensão adequada de expressões como acordo, cessão e negociação:

> Uma geração atrás, o termo "negociação" também tinha uma conotação de embate. A questão mais comum na mente das pessoas era: "Quem vai ganhar e quem vai perder?" Para haver acordo, alguém tinha que "ceder". Não era uma perspectiva agradável. A ideia de que ambos os lados poderiam se beneficiar, de que ambos poderiam "vencer", era estranha para muitos de nós. Agora é cada vez mais sabido que existem formas cooperativas de resolver diferenças e que, mesmo que não seja possível alcançar uma solução "ganha-ganha", pode-se chegar a um acordo sensato que seja melhor para todas as partes do que a alternativa de concessões.

Os autores ensinam o método da "negociação baseada em princípios" da Harvard Negotiation Project, em que o negociador promove uma solução de "ganhos mútuos sempre que possível e que, quando os interesses forem conflitantes, insista em fazer com que o resultado se baseie em critérios justos, seja qual for a vontade das partes" (Fisher et al. 2018, p.19). Ademais, alertam que não é fácil lidar com as negociações que ocorrem cotidianamente, pois exigem o desenvolvimento de habilidades do método de negociação.

Seguindo o raciocínio, é importante pontuar que os métodos consensuais demandam o exercício de competências comunicacionais e relacionais, baseadas na compreensão mútua, no diálogo reflexivo e construtivo, e na assunção das próprias responsabilidades. São métodos que auxiliam a autonomia da vontade e o protagonismo, por meio do papel do facilitador. Conforme pontua Lagrasta "A intenção é considerar como processo adequado outros meios de solução de conflitos, mais flexíveis às suscetibilidades das partes, que estimulem a criação de um ambiente de diálogo e que funcionem como fator de agregação social, preservando os relacionamentos" (2024, p. 33).

Neste mesmo sentido, a mediação, como o principal meio consensual de resolução de conflitos, viabiliza a "construção de consensos mutuamente benéficos, em cujos termos todos se reconheçam e percebam seus interesses sendo claramente contemplados" (Maia, et al. 2021, p.53). Concluem os autores que a mediação é um processo de "caráter pedagógico", na medida em que promove a transformação da qualidade das interações por meio do diálogo estruturado.

O procedimento consensual reconstrói o diálogo ao conduzir os envolvidos a escutarem o ponto de vista diverso, ampliarem sua percepção sobre a realidade dos fatos e assumirem a responsabilidade pelos próprios atos, com participação efetiva na criação da solução. Caso haja a construção do consenso (solução), há maior comprometimento no cumprimento deste acordo (Lagrasta, 2024).

A condução de um processo consensual pode ser instrumento para empoderar as partes com informações e dados que lhe tragam segurança e confiança no exercício de sua autonomia da vontade. Afinal de contas, exercer a autonomia da vontade demanda do indivíduo a habilidade para refletir sobre suas próprias convicções e comportamentos.

Neste sentido, Maia et al. (2021, p.53) afirmam que é necessário "um esforço educativo prolongado" baseado na cultura da paz, de forma a desenvolver as habilidades e competências em diálogo, negociação e mediação. O que implica, de forma ainda mais ampla, no repensar da cidadania, "porque empoderar os cidadãos no curso de um processo exige respeitar esses cidadãos e reconhecê-los como sujeitos de direito" (Baptista & Filpo, 2017, p.56).

Essas atitudes dependem do desenvolvimento de alguns fatores de ordem subjetiva, ao tempo em que promovem a abordagem da lide sociológica. Como observa mais uma vez Lagrasta (2024), o prevalecimento da cultura de pacificação somente será possível com a mudança de mentalidade dos profissionais do Direito e da própria comunidade, ao compreenderem que as soluções nascidas do diálogo podem propiciar mais celeridade, menores custos, exequibilidade e participação democrática.

É fundamental, assim, que os atores sociais, principalmente os operadores do Direito, desenvolvam a capacidade de dialogar, com atitudes e estratégias que apoiarão a participação em decisões que afetarão a própria vida dos envolvidos.

Em síntese, a transição do paradigma da litigiosidade para o paradigma do consenso é um processo gradual que requer não apenas mudanças legais e institutcionais, mas também transformações culturais. A promoção de métodos consensuais, como a mediação, não é apenas uma alternativa à judicialização, mas uma oportunidade de empoderar indivíduos e organizações na gestão de seus próprios conflitos. No próximo capítulo, aprofunda-se essa discussão ao explorar como a mediação pode ser implementada no contexto organizacional.

O CONTEXTO ORGANIZACIONAL

As organizações contemporâneas operam em um ambiente marcado pela complexidade das relações humanas, diversidade cultural e constante transformação. Nesse cenário, os conflitos emergem como fenômenos naturais e inevitáveis, refletindo as tensões e divergências inerentes às interações sociais. Contudo, ao invés de serem vistos como ameaças, os conflitos podem ser entendidos como oportunidades para o aprendizado, a inovação e a melhoria das relações.

Este capítulo explora o contexto organizacional, destacando como a cultura corporativa, os papeis dos stakeholders e a segurança psicológica influenciam a dinâmica dos conflitos. além disso, analisa-se a relevância do bem-estar dos colaboradores, propondo caminhos para transformar conflitos em alavancas de desenvolvimento organizacional.

CULTURA ORGANIZACIONAL E SEGURANÇA PSICOLÓGICA

O ambiente empresarial, naturalmente, se caracteriza como competitivo, interconectado e dinâmico, envolvendo a complexidade das relações humanas. As interações ocorrem entre os mais diversos atores sociais, internos e externos, com relações de diferentes naturezas jurídicas, papeis, posições e qualidades, denominados stakeholders.

O termo stakeholder define os públicos que possuem interesse no relacionamento com as empresas, tais como: acionistas, sócios, diretores, colaboradores, funcionários, terceirizados, consumidores, clientes, fornecedores, imprensa, governos, associações e instituições, sociedade em geral.

As definições do termo stakeholder convergem no sentido de englobar indivíduos e entidades "cujo relacionamento com as organizações implica em mutualidade, isto é, que levam à reciprocidade de ação" (Teixeira e Domenico, 2008, p. 330). Cada ator possui especificidades quanto à natureza jurídica da relação e forma de interação, com uma diversidade de perfis e expertises (Gaick, p. 47).

Essas características de uma coletividade afetam e são afetadas pelo desempenho individual e do grupo e na vida organizacional da empresa (Fischer, 2002). Configuram-se em fatores internos e externos, interdependentes, que impactam profundamente a empresa e seus públicos perante as transformações constantes da sociedade (Braga Neto e Freire, 2019).

As diferenças entre necessidades e objetivos no ambiente de trabalho já se originam naturalmente dessas interações dos diversos stakeholders, internos e externos, que se articulam na defesa de seus interesses, que podem ou não ser convergentes com a organização.

Acrescente-se a este cenário, os influxos das transformações tecnológicas, sociais e econômicas, que tem gerado um exponencial aumento das tensões no ambiente corporativo, criando um caldeirão para discordâncias e disputas. Neste sentido, pontuam Almeida e Silva (2021, p.396):

> Imprevisibilidade, complexidade, multifatoriedade e instabilidade são componentes essenciais da contemporaneidade, ao mesmo tempo em que consagra a diversidade. Nessa trilha, não por acaso, a análise sistêmica do funcionamento das corporações revela que a lista de desafios a serem cuidados deixa perplexos gestores experientes e novos empreendedores e, nas mais variadas atividades empresariais, cada vez mais os conflitos nascem de descompassos nas tentativas de adequação ao dinamismo da vida e dos negócios.

Se mal resolvidas as diferenças, podem escalonar para confrontos e comprometer significativamente a cultura organizacional, o bem-estar e a comunicação no ambiente laboral, o que impacta negativamente na produtividade das empresas.

Importante definir, brevemente, o que é cultura organizacional. A cultura de uma empresa é composta por padrões de crenças e comportamentos, valores e processos, interconectados por um objetivo maior.

Segundo E. H. Schein, E. H. e P. Schein (2020, p.46):

> A cultura de um grupo pode ser definida como sua aprendizagem acumulada e compartilhada à medida que esse grupo solucionar problemas de adaptação externa e de integração interna, que tem funcionado bem o suficiente para ser considerada válida e, consequentemente, ensinada aos novos membros como a maneira correta de perceber, pensar, sentir e se comportar em relação a esses problemas.
>
> Essa aprendizagem acumulada é um padrão ou sistema de crenças, valores e normas comportamentais que acaba sendo subestimado como uma premissa básica e, por fim, deixa de ser percebido.

Dessa forma, pode-se compreender como a cultura é resultado das experiências compartilhadas, construindo coletivamente padrões de crenças, valores e atitudes (E. H. Schein, E. H. e P. Schein, 2020), que influenciam as relações gerando atritos naturais. Por ser produto das interações, a cultura organizacional pode ser abalada diante da expansão das relações virtuais, quando há um esgarçamento dos valores que norteiam cada empresa, configurando-se em mais um fator para as desavenças (Pereira, 2016).

Diante desses diversos elementos, empresas compreenderam que os relacionamentos são cruciais no planejamento estratégico, no desenvolvimento das atividades e prestação dos serviços e/ou criação dos produtos. São as pessoas que dão vida à organização (Gaick, 2015, p. 39). A dimensão humana em ambientes organizacionais envolve, assim, a compreensão de que a empresa se constitui em um organismo formado por pessoas, com uma diversidade de expressões, interesses, necessidades, sentimentos, que interagem entre si em um intrincado sistema com identidade cultural.

Apesar de a empresa ser um ambiente com enfoque mais predominante em questões econômicas e financeiras, de cunho objetivo, não há dúvidas, então, que assuntos de ordem subjetiva influenciam profundamente as interações empresariais e merecem especial atenção dos gestores e líderes de uma organização (Almeida e Silva, 2021).

Conforme enfatiza Célia Reis:

> Parafraseando Vezzulla, são as pessoas e não os conflitos que vêm à mediação. São as pessoas e não as empresas, que são uma abstração, quem têm questões no seu relacionamento (profissional e/ou pessoal) que necessitam ser vistas e/ou revistas com o outro, pessoa individual ou coletiva. São as pessoas físicas que precisam dialogar para que as demandas dessas pessoas (e de outras) e das suas organizações sejam atendidas (Reis, 2019).

Assim, para manter a engrenagem de uma empresa voltada ao crescimento, competitividade e dinamismo próprio do contexto empresarial, é fundamental a articulação adequada e assertiva das pessoas e equipes que a compõem, com comunicação, colaboração na resolução dos conflitos imediatos e preparação de uma ambiência propícia à melhoria do desempenho (Gaick, 2015).

Para tanto, as empresas devem estabelecer um modelo de gestão de pessoas, de forma a coordenar o comportamento dos indivíduos para adotar atitudes, papeis e correspondente responsabilidade com as atividades, simultaneamente respeitando a autonomia da vontade (Fisher, 2002).

No aspecto da gestão, Edmondson (2021) relata a importância do enquadramento do trabalho a ser realizado pelos líderes com frequência, no sentido de orientar a execução das tarefas e os critérios e expectativas da realização, por meio de comunicação, e "uma parte importante do enquadramento é garantir que as pessoas entendam que as falhas acontecerão" (p. 229). Complementa a autora (Edmondson, p. 231): "o líder é obrigado a estabelecer a direção do trabalho, pedir colaborações relevantes para esclarecer e melhorar a direção geral que foi estabelecida e criar condições para o aprendizado contínuo, para alcançar a excelência".

Essa coordenação requer a definição de orientações, princípios, estratégias, políticas, processos e práticas, voltados para gerenciamento das pessoas, dos setores existentes, e de toda a estrutura de recursos físicos e humanos voltados a um propósito. As relações são cruciais no planejamento e desenvolvimento deste modelo de negócios, que devem acontecer por meio de um fluxo de comunicação seguro e eficaz para a solução dos desafios cotidianos que surgem neste processo de execução dos objetivos delineados e na convivência corporativa.

Assim, tais iniciativas em uma gestão voltada a pessoas fortalecem a cultura organizacional, propiciando um ambiente de trabalho com segurança psicológica, termo da área da Administração de Empresa. Nas palavras da pesquisadora Emy Edmondson (2020, p.33):

> Defini segurança psicológica como a crença de que o ambiente de trabalho é seguro para correr riscos interpessoais. O conceito se refere à experiência de se sentir capaz de expressar-se com ideias relevantes, perguntas e preocupações. A segurança psicológica está presente quando os colegas confiam uns nos outros, respeitam-se e se sentem capazes – mesmo obrigados – de serem francos.

O termo "Segurança Psicológica" foi cunhado por Edgar H. Schein e Warren G. Bennis em seu livro "Personal and Orgnazational Change Through

Group Methods: The Laboratory Approach". Segundo os autores, o termo define um "clima que encoraja tentativas provisórias e que tolera o fracasso sem retaliação, renúncia ou culpa" (Edmondson).

Assim, considera-se ambiente psicologicamente seguro aquele em que há a crença compartilhada pelos integrantes de um grupo de que há permissão para a expressão de ideias sem julgamento, e com autonomia. Cada pessoa se sente confortável e confiante para dialogar sobre assuntos dos quais discordem, assumindo riscos interpessoais, na busca de uma performance superior.

Um ambiente, psicologicamente seguro, proporciona aos stakeholders internos a liberdade de expressão, na medida que facilita a comunicação autêntica e aberta, eficaz na solução de problemas, erros e transformação em oportunidades de melhorias, a partir do compartilhamento de ideias (Edmondson, 2020). As relações acontecem com maior conexão, o que fortalece a cultura corporativa, em um ambiente aberto a trocas e discordância de ideias sem criar atritos, retaliações ou inimizade.

No ambiente de trabalho, há uma relação de interdependência entre o desempenho empresarial e a colaboração de pessoas e equipes que a integram para resolver problemas e executar da melhor maneira possível as tarefas e atividades em prol de um objetivo comum.

Estudos e pesquisas sinalizam que ambientes de trabalho percebidos como psicologicamente seguros são mais propícios a assumir riscos interpessoais e estão relacionados ao engajamento nas organizações, em equipes, na gestão de conflitos e na aprendizagem (Ramalho & Porto, 2021). Inclusive, há a correlação da segurança psicológica com a capacidade de lidar com conflitos:

> Segurança psicológica tem a ver com franqueza, com tornar possível a discordância produtiva e a livre troca de ideias. Não é preciso dizer que elas são vitais para o aprendizado e a inovação. Conflitos inevitavelmente surgem em qualquer local de trabalho. A segurança psicológica possibilita que as pessoas em diferentes lados de um

conflito possam falar francamente sobre o que está incomodando. (Edmondson, 2020, p.43)

A segurança psicológica não abrange a omissão frente aos conflitos, e sim propicia atitudes mais protagônicas, pois favorece que as discordâncias sejam tratadas e geridas transformando-as em oportunidades. Alguns fatores proporcionam uma maior percepção de segurança psicológica, tais como: (i) ao cometer um erro, a pessoa sabe que isso não será usado contra ela; (ii) facilidade em discutir sobre problemas e questões complexas na equipe; (iii) não há exclusão por ser diferente; (iv) possibilidade de assumir riscos; (v) facilidade em solicitar ajuda a outros membros da equipe; (vi) respeito e valorização mútua (Ramalho & Porto, 2021).

A empresa que propaga a segurança psicológica é descrita por Edmondson como a "organização sem medo", que é o avesso da cultura do silêncio, onde é mitigado o medo interpessoal e maximizado o desempenho organizacional, inserida em um mundo de intensa troca de conhecimentos.

Neste ponto, é importante trazer questões norteadoras acerca do tema: Como os conflitos afetam o ambiente corporativo e a cultura organizacional? Como viabilizar um tratamento adequado aos conflitos dentro da empresa, viabilizando segurança psicológica? Quais métodos podem ser mais apropriados para a gestão dos conflitos que ocorrem entre o público interno das empresas? Como desenvolver esse sistema adequado aos contextos e necessidades empresariais? Quais requisitos mínimos a serem atendidos para preservar a segurança dos arranjos procedimentais?

CONFLITOS NO CONTEXTO ORGANIZACIONAL

Em virtude de uma visão prevalecente de individualismo em âmbito corporativo, há uma maior dificuldade na formação de equipes mais colaborativas, diante de comportamentos mais exclusivistas no sentido de realizar tarefas individuais ou, no máximo, referentes ao setor. Essa postura desintegra as relações do grupo e gera uma "organização fragmentária" (Gaick, 2015, p. 48).

Além disso, o acúmulo de posturas mais individualistas e competitivas no ambiente pode levar à configuração de uma cultura tóxica ou disfuncional, com desengajamento, falta de lealdade e espírito de equipe, e um campo propício a conflitos.

Assim, verifica-se que as relações empresariais possuem especificidades que são cruciais no delineamento das estratégias para manejar as disputas, conforme destaca Burbridge e Manfredi (2021, p.412):

> Qual é a diferença entre conflitos no mundo corporativo e conflitos em qualquer atividade humana? As diferenças se encontram no próprio objetivo da organização, quer seja no lucro, na hierarquia, no exercício do poder, na disputa por status ou nas regras que governam o comportamento das pessoas no ambiente de negócios. Para compreender melhor a natureza dos conflitos corporativos, precisamos entender o comportamento humano, bem como o ambiente no qual pessoas de negócios agem e reagem. Precisamos, portanto, de uma visão sistêmica dos conflitos.

São vários os fatores que influenciam as relações no ambiente de trabalho, diante dos diferentes perfis profissionais, expertises, posições no quadro hierárquico, exercício de poder, papeis e atribuições, valores e necessidades.

De modo geral, a natureza dos conflitos organizacionais está presente em todos os perfis de empresas e organizações, pequenas, médias ou grandes, numa complexidade influenciada pela variedade de normas legais e culturais, mas que encontram três pontos em comum.

Apesar de haver uma diversificação nas estruturas das empresas, variando de tamanho, porte, recursos, as disputas corporativas abrangem ao menos três elementos básicos, quais sejam, liderança, capital e trabalho. Os relacionamentos entre esses três elementos já se configuram em potenciais fatores de conflitos (International Finance Corporation, 2011a).

Neste ponto, é fundamental compreender o significado do termo "conflito", na medida em que a percepção acerca dele direciona os caminhos a lidar com este evento.

O conceito de conflito abrange situações de incompatibilidade, divergência ou discordância percebida por duas ou mais pessoas quanto a atitudes, valores, objetivos, interesses ou necessidades. Podem gerar sentimentos desconfortáveis como tensões, medo, ansiedade; atitudes desafiadoras como disputas, confrontos agressivos e diversas formas de violência. No entanto, não é possível afirmar que conflito é violência, sendo esta última apenas o resultado de situações conflituosas (Salles Filho, 2019).

Manifesta-se, portanto, por meio de sintomas na relação, indicando que algo não está equilibrado, na diferença entre pontos de vista, na oposição de interesses e metas, necessidades não atendidas, objetivos antagônicos, divergência de valores, diante da diversidade de repertórios de vida dos envolvidos na controvérsia. Para Lederach (2012), é uma discordância quanto à percepção de um contexto ou coisa, causando sentimentos que vão desde um desconforto até o sofrimento.

No contexto organizacional, definido pelo ambiente interno da empresa, os conflitos acontecem entre os seguintes atores internos: líderes, diretores, gestores e colaboradores em geral, membros de equipes e grupos de trabalho relacionados dentro do ambiente corporativo. Inclusive, pode envolver outros stakeholders que integrem as relações internas, tais como, terceirizados e autônomos que convivem diariamente dentro da empresa.

Os conflitos organizacionais não emergem isoladamente, mas são compostos por elementos básicos que ajudam a entender e abordar a disputa de forma mais eficaz. Neste sentido de delinear os conflitos comuns nos locais de trabalho, Shonk (2024) diferencia três tipos: conflitos de tarefas, conflitos de relacionamentos e de valores.

Os conflitos de tarefas envolvem questões relacionadas às atribuições inerentes às funções dentro da empresa, em que não há o devido enquadramento a ser orientado pelos líderes da empresa. Quando não estão bem definidas institucionalmente as atribuições e tarefas numa equipe, podem causar disputas sobre como alocar recursos, diferenças de opinião sobre procedimento e políticas, gestão de expectativas no trabalho, interpretação de fatos e julgamentos[1], além de comparações, omissões e competições disfuncionais.

Assim, é preciso levar em consideração, em primeiro lugar, o papel de cada pessoa que está envolvida na situação controversa, seu status, poder de influência ou de ser influenciado na hierarquia organizacional, a relação de poder, os interesses econômicos e outros que possam estar presentes.

Caso não estejam bem enquadradas as definições de papel, posição e tarefas, os conflitos entre os públicos internos da organização podem se manifestar desde desavenças pessoais, desacordos sobre esses papeis, tarefas e processos, impasse, questionamentos sobre normas, performance e desempenho, produtividade, resultados, preocupação com tomadas de decisões equivocadas, falhas e erros, além de disputas de interesses e poder (Almeida e Silva, 2021). Geralmente, a discordância sobre o papel pode refletir em rivalidades subjacentes, prejudicando a execução das tarefas e a colaboração na equipe.

Por sua vez, Shonk (2024) descreve o conflito de relacionamento como aquele proveniente das diferenças de personalidade, questões de gostos e

---

1   Tradução livre. Texto original: The first of the three types of conflict in the workplace, task conflict, often involves concrete issues related to employees' work assignments and can include disputes about how to divide up resources, differences of opinion on procedures and policies, managing expectations at work, and judgments and interpretation of facts. Disponível em : https://www.pon.harvard.edu/daily/conflict-resolution/types-conflict/

preferências e até estilos de conflito[2]. São comuns em ambientes laborais onde pessoas com diferentes culturas ou repertórios de vida precisam trabalhar juntas.

Os diferentes perfis comportamentais e diversos repertórios de vida são fatores importantes a serem considerados na gestão de pessoas, na medida em que, a depender da postura de cada pessoa e estilo de liderança, os conflitos podem se acumular de forma latente ou ocasionar embates com agressões a partir de um comportamento mais reativo.

O terceiro tipo de conflito descrito por Shonk abrange os valores, que se configuram nas diferenças fundamentais em identidades, que podem incluir questões de política, religião, ética, normas e outras crenças profundamente arraigadas[3]. Esses elementos são potencializadores de polaridades e cisões, e, por isso, geralmente evitados nos ambientes organizacionais, na medida em que quebram elos de confiança e causam rompimento da comunicação.

Portanto, em cada cultura, há uma complexidade nas interações sociais influenciadas por esses diversos elementos: pessoas, papéis, processos, crenças, fatores multiculturais, natureza da relação, que revelam os padrões do sistema de relações e influenciam a forma como essas interações se desenrolam (E. H. Schein, E. H. e P. Schein, 2020). No ambiente de trabalho, a complexidade desses interesses e posições proporciona um microcosmo com potencialização das controvérsias em virtude da competitividade e necessidade de crescimento constante.

---

[2]   Tradução livre. Texto original: The second of our three types of conflict, relationship conflict, arises from differences in personality, style, matters of taste, and even conflict styles.

[3]   Tradução livre. Texto original: The last of our three types of conflict, value conflict, can arise from fundamental differences in identities and values, which can include differences in politics, religion, ethics, norms, and other deeply held beliefs.

Outro fatores podem contribuir em um clima mais conflitivo ou desafiador no ambiente de trabalho, como destaca Dubrin (2003), citado por Jesus e Almeida (2020, p.197):

> Algumas fontes do conflito, por exemplo, são mudanças percebidas de forma negativa, mudanças nos métodos ou condições de trabalho, assédio sexual, dificuldade de relacionamento, posições ambíguas do funcionário, limitações, dentre outras. Existem outros fatores que podem ter ligação, como por exemplo a baixa autoestima nos indivíduos e atitudes rigorosas, bem como pessoas problemáticas no ambiente de trabalho. Ambos estão sempre prontos a se defender quando um espaço determinado como seu é afetado.

Essas atitudes podem parecer eventos isolados, mas são manifestações de um processo complexo no sistema de relações, e se inserem num encadeamento dinâmico promotor de mudanças, positivas e negativas. A partir desses fatores de divergências de posições e interesses, os relacionamentos na organização podem começar a apresentar maiores dificuldades e desafios, estabelecendo-se uma crise entre duas ou mais pessoas numa equipe ou setor, que tem o potencial ou não de desencadear expressões de violência.

Como resumem Salles Filho (2019, p.292), "a ressalva é: se o conflito pode levar à violência, ele não pode igualmente preveni-la?"

Apesar de muitos acreditarem que os conflitos são negativos e dificultam as relações interpessoais, devendo ser evitados, esses eventos podem ser vistos em um viés construtivo e de prevenção. Ao pensar nas situações conflituosas como inevitáveis e inatos à natureza humana, é essencial compreender como enfrentá-los por meio de um processo pedagógico e de crescimento dos envolvidos (Salles Filho, 2019).

Nesse mesmo sentido, Lederach (2012) aborda o conflito como algo inevitável, a partir de uma visão transformativa, afirmando que é "uma oportunidade, um dom", ao invés de ameaça. Em resumo, ele sustenta que o conflito pode se configurar em oportunidade para crescimento e compreensão de si mesmo, dos outros e dos contextos sociais, complementando que:

> Os conflitos nos relacionamentos de todos os níveis são o modo que a vida encontrou para nos ajudar a parar, avaliar e prestar atenção. Uma forma de conhecer verdadeiramente nossa condição humana é reconhecer o dom que os conflitos representam em nossa vida. Sem ele a vida apresentaria uma topografia monótona e plana marcada pela mesmice, e os relacionamentos seriam muito superficiais.
>
> O conflito também gera vida: através do conflito nós reagimos, inovamos e mudamos. O conflito pode ser entendido como o motor de mudança, como aquilo que mantém os relacionamentos e as estruturas sociais honestas, vivas e dinamicamente sensíveis às necessidades, aspirações e ao crescimento do ser humano. (Lederach, 2012, p. 31)

É indubitável, assim, que o conflito é um evento inato às interações humanas presente em todos os ambientes sociais, políticos, culturais (Lederach, 2012). A definição de conflito, em resumo, vem evoluindo para compreender o significado deste evento como inerente à vivência e convivência humana, sem um viés necessariamente negativo. A compreensão deste evento como algo natural às relações fortalece a estruturação de caminhos para a solução do problema e transformação das relações, por meio da retomada do diálogo.

Então, a partir da abordagem do conflito como algo natural, é possível delinear como podem ser tratados adequadamente, de forma a analisar os eventos e suas causas de maneira mais profunda e transformativa. Propõe-se um olhar que aborde a complexidade das disputas, englobando não apenas a disputa em si, mas também, a forma como os relacionamentos ocorrem dentro de um contexto (Lederach).

Diante destas constatações, vários aspectos da situação conflituosa precisam ser considerados para a compreensão do fenômeno, transformação e busca de uma solução adequada. Esses aspectos envolvem "reconhecer os processos que levaram à sua ocorrência", as origens e causas do conflito (Salles Filho, 2019, p.292). O que torna ainda mais intricadas as incompatibilidades interpessoais e grupais, são os efeitos gerados em cada pessoa de forma singular, como sentimentos de tensão, preocupação, receio, medo, injustiça, revolta, comoção, vingança etc.

Na percepção dos conflitantes, as disputas são vistas numa perspectiva negativa, diante dos efeitos que desequilibram o fluxo natural de vida (Lagrasta, 2023). São geralmente descritos como algo desagradável, desafiador, um problema muitas vezes intransponível e destrutivo na medida em que o conflito escalona (Lederach, 2023). E, diante desse significado, o indivíduo pode vivenciar impotência e sentimentos negativos como a frustração, levando a adotar o comportamento de evitar lidar com a situação, não fazendo nada, ou se submetendo à força do outro.

Por sua vez, em um mesmo contexto de disputa, há aqueles que reagem de forma desproporcional, escalonando a controvérsia para uma dominação, impondo suas vontades, ou ao combate, podendo chegar a situações de violência em vários níveis, psicológico e físico, com agressões verbais e físicas. Essas reações se configuram em inabilidade de gerir adequadamente as controvérsias, tornando os relacionamentos difíceis de serem mantidos.

Neste sentido, Cobo (2021) descreve os possíveis comportamentos dos conflitantes voltados a resolver as controvérsias. Segundo o autor (2021), há a competição, a cooperação, a acomodação e a colaboração.

Diante desta classificação do comportamento, a competição adota uma postura adversarial, em que os conflitantes buscam a maximização dos ganhos individuais, ao passo que, na cooperação, os envolvidos realizam concessões recíprocas buscando uma solução mutuamente satisfatória.

A acomodação abrange o evitamento do conflito, em que o indivíduo se abstém de sua pretensão, cedendo à vontade do oponente. "E, por fim, há os que colaboram, buscando ganhos conjuntos com todos os envolvidos, sem necessariamente ter de ceder em algo" (Cobo, 2021, p.118).

Evidentemente, estas atitudes individuais voltadas à resolução da disputa e transformação da relação dependem da construção de significado de cada conflitante e da habilidade para enfrentá-la, que influencia a adoção ou não de métodos consensuais para resolver as controvérsias. A partir da percepção do conflito como um processo complexo e dinâmico e do desenvolvimento de conhecimentos e habilidades, é possível adotar uma intervenção transformativa, a partir do estímulo e coordenação da criatividade na busca de soluções.

Portanto, o conflito, em si, não é bom ou mau, mas a maneira como o evento é percebido afeta a forma como cada um reage à situação e como ele será, ou não, administrado (Lederach).

A autora adota esta visão construtiva do conflito, como uma experiência que pode ser transformada, bem como oportunizada aprendizagem nos relacionamentos. Essa compreensão é fundamental na estruturação de um ambiente organizacional propício a manejar de forma adequada as diversas controvérsias entre os stakeholders.

Assim, para lidar de forma positiva com os conflitos, de maneira a geri-los para que se transformem em oportunidades, é essencial haver a compreensão da controvérsia como um fenômeno neutro e catalisador de aprendizados sobre si mesmo e sobre a relação, inclusive no âmbito organizacional.

Neste sentido, ao focar o conflito como motor de mudanças, Lederach (2012) enfatiza os impactos dessas mudanças em quatro áreas: pessoal, relacional, estrutural e cultural.

O conflito impacta no aspecto pessoal o indivíduo, de modo negativo, e, de modo positivo, à nível cognitivo, emocional, espiritual, e na percepção, ou seja, afeta o bem-estar físico, a autoestima, a capacidade de compreensão do contexto, as atitudes e o equilíbrio espiritual. Assim, as intervenções transformativas no conflito têm por objetivo mitigar os riscos destrutivos nestes níveis do indivíduo e potencializar o crescimento humano (Lederach, 2012).

Quanto ao aspecto relacional, depara-se com a ideia de que o conflito afeta significativamente os padrões de comunicação e interação entre os envolvidos, em relação à qualidade de afetividade, ao poder e à interdependência. Nas relações, verifica-se uma maior tensão, que requer foco da transformação para que sejam viabilizados caminhos de construção de nova forma de interação e partilha do poder (Lederach, 2012).

As intervenções no conflito visam reduzir as comunicações disfuncionais, oportunizando espaços de diálogos para compreensão mútua. Segundo Lederach (2012), o método de transformação, na dimensão relacional, abrange a abordagem de aspectos emocionais, como os medos, esperanças e expectativas relacionais dos envolvidos.

Quanto à dimensão estrutural, Lederach (2012) destaca a importância das bases de organizações e instituições sociais, que delineiam a forma como os relacionamentos se organizam e como os conflitos afetam sua construção, manutenção e modificação. Estaria relacionado aos padrões culturais de determinada comunidade de pessoas. É fundamental "compreender e tratar as causas subjacentes e condições sociais que dão origem à expressão violenta ou nociva do conflito" (Lederach, 2012, p.41), de forma a identificar as condições que propiciam seu escalonamento.

Prescreve o autor que é preciso implementar mecanismos que minimizem confrontos e outros que fomentem "o desenvolvimento de estruturas que atendam às necessidades humanas básicas (justiça substantiva), enquanto maximizam o envolvimento das pessoas nas decisões que as afetam (justiça procedimental)" (Lederach, 2012, p.40).

Por fim, no que diz respeito à dimensão cultural, há o enfoque das mudanças nos padrões partilhados por um grupo, sendo essencial a compreensão de como esses fatores culturais influenciam os comportamentos individuais e as interações. A partir desta identificação, as propostas de intervenção se destinam a promover transformações construtivas na forma de lidar com os conflitos.

As contribuições do trabalho de Lederach (2012) vão ao encontro da concepção das empresas como estruturas sociais, ressaltando a importância de integrar estas quatro dimensões na compreensão do contexto organizacional para sistematização de mecanismos consensuais de solução de controvérsias.

O diagnóstico, etapa de um sistema de gestão de conflitos, como será visto adiante, contempla o mapeamento das questões imediatas presentes em episódios de conflitos manifestados, a parte visível dos desequilíbrios relacionais. Ao tempo em que são objetos de investigação os padrões que dão sustentação aos conflitos, onde é possível estruturar intervenções para prevenção e mitigação de riscos futuros, com foco na transformação das relações.

CUSTOS E IMPACTOS DOS CONFLITOS ORGANIZACIONAIS

Ao compreender que os conflitos são inerentes à condição humana e suas relações interpessoais, portanto, eventos inevitáveis em qualquer ambiente relacional, é preciso compreender os seus efeitos dentro da organização, quando não geridos adequadamente. Os eventos conflituosos, se não resolvidos, podem desencadear repercussões negativas e, possivelmente, desastrosas em qualquer tamanho e modelo de negócio.

Na maioria das vezes, isto é resultado da forma equivocada de lidar com os conflitos, na crença de que são prejudiciais e precisam ser evitados a qualquer custo, em uma atitude de negação ou omissão. Outras vezes, são superficialmente solucionados com adoção de opções que não contemplam as reais causas do problema.

Usualmente, as organizações ignoram os conflitos interpessoais, pela crença de que não é sua responsabilidade auxiliar os seus funcionários a lidarem com as controvérsias e divergências nos relacionamentos. Algumas razões permeiam o comportamento de evitar conflitos, dentre elas, a tendência humana de não dar importância a determinados fatos, esperando que se resolvam sozinho (IFC, 2011, p.2, vol. 2).

Essa atitude de omissão da gestão diante dos conflitos interpessoais potencializa os riscos de escalonar situações problemáticas como: erros, falhas de comunicação, desmotivação, sensações de injustiça, fofocas, vinganças, retaliações, fraudes, resistência a mudanças, estresse, rupturas de relacionamentos, desconfiança (Pereira, 2016).

Maia et al. (2021, pp.429-430) enumeram também alguns efeitos negativos da má administração das controvérsias dentro das empresas:

> O que se tem verificado é que, caso as divergências corporativas não sejam tratadas adequadamente, elas podem: (i) se transformar em disputas que prejudicam a operação e o desempenho da empresa; (ii) trazer sérios danos à imagem, caso venham a se tornar públicas, gerando graves consequências a longo prazo para a empresa e seus principais stakeholders; (iii) afastar investidores e parceiros de negócios e ainda fazer com que as quotas ou ações se depreciem.

Anna e Burbridge (2012) listam os custos invisíveis dos conflitos internos disfuncionais, com efeitos estressores, que comprometem a atuação do trabalho em equipe: tempo perdido com discussões improdutivas, custo de oportunidade, motivação reduzida, má decisão, atos contra a empresa, rotatividade, perda de talento, remanejamento de pessoas ou processos desnecessários. Esses impactos, em sua maioria, são de difícil mensuração, uma vez que abrangem fatores de ordem psicológica e cultural. por sua vez, são fatores que afetam consideravelmente o desempenho, o funcionamento e a produtividade do negócio a curto e longo prazo, além de impactar no bem-estar e saúde do colaborador.

Um ambiente conflituoso dentro das organizações, denominado de "tóxico", causa insegurança e afeta significativamente o desempenho dos atores que compõem as relações, mesmo aqueles que não estejam diretamente relacionados à situação de disputa. O ambiente tem um efeito de contaminação, gerando ciclo vicioso que se retroalimenta, impactando na perda de produtividade e competitividade da empresa.

Assim, em sentido diametralmente oposto à segurança psicológica, os ambientes de insegurança são aqueles em que as pessoas vivenciam forte julgamento, pressões e cobranças desproporcionais, causando grande sofrimento psicológico, o que vem sendo constatado por recentes pesquisas. Deyo e Jessar (2015, p. 3) apontam um estudo realizado pelo Ethics Resource Center's 2013 National Business Ethics Survey (NBE), que verificou um considerável percentual de retaliação aos funcionários que relataram más condutas dentro do ambiente de trabalho[4].

As retaliações sofridas incluíram abuso verbal por parte de gestores e colegas, exclusão, rebaixamento, realocação ou reatribuição, negação de promoções ou aumentos, danos físicos a pessoas ou propriedades e a possibilidade de quase perder o emprego. E complementam os autores, "essa percepção é suficiente para alterar opiniões do local de trabalho, especialmente em relação às percepções de gestão, sentimentos sobre a empresa como um todo, o envolvimento dos funcionários e a intenção de permanecer"[5].

---

4   Tradução livre. Texto original: The Ethics Resource Center's 2013 National Business Ethics Survey (NBES) 7 found that of 6,420 employee responses, 41 percent observed misconduct in the workplace. Of those, 63 percent reported their observation. Unfortunately, more than one in five workers who reported misconduct experienced retaliation in return, including verbal abuse by managers and coworkers, exclusion by managers and coworkers, demotion, relocation/reassignment, denial of promotions or raises, physical harm to person or property, and nearly losing one's job. The Ethics Resource Center (ERC) acknowledges the possibility of employees feeling that they were retaliated against when, in fact, they were not. This perception is enough to alter opinions of the workplace, particularly with regard to perceptions of management, feelings about the company as a whole, employee engagement, and intent to stay

5   Tradução livre. Texto original na nota anterior.

A exclusão, o abuso verbal, os danos materiais a pessoas e objetos, as ameaças são comportamentos que se enquadram nos níveis de conflitos já escalonados, com expressividade de violências físicas e psicológicas. Enquanto a realocação, reatribuição, perda do empreso estão abrangidas em um equivocado enquadramento de punição, um disfarce para a verdadeira retaliação. Esses padrões de reação de líderes e gestores prejudicam a cultura organizacional, na medida em que quebram os elos de confiança e engajamento.

Tais condutas, quando repetitivas, podem ser enquadradas como assédio moral. O assédio moral no ambiente de trabalho se configura em uma prática abusiva que visa desestabilizar emocionalmente o colaborador. A Consolidação das Leis do Trabalho (CLT), não possui uma normatização específica sobre o assédio moral, apesar de ser reconhecida como prática abusiva, por outras normas legais.

Alguns dispositivos da CLT preveem a repressão a determinadas condutas que podem configurar o assédio moral, a depender das circunstâncias concretas, tais como:

> (...) a exemplo da proibição de alteração unilateral ou prejudicial ao empregado (arts. 468 e 469 da CLT) e as vedações do art. 483: exigência aos empregados de serviços superiores às suas forças, defesos por lei, contrários aos bons costumes ou alheios ao contrato; tratamento com rigor excessivo (dado pelo
>
> empregador ou superiores hierárquicos); impingir ou submeter os empregados a perigo manifesto de mal considerável; descumprimento das obrigações do contrato; prática de atos lesivos da honra e boa fama contra os empregados ou pessoas de suas famílias; ofensas físicas; redução do trabalho de forma
>
> a afetar sensivelmente a importância dos salários (Brasil, Ministério Público do Trabalho, p. 13).

No âmbito da Ordem dos Advogados do Brasil – OAB, a Lei nº 14.612, de 2023, alterou o Estatuto da Advocacia, com a finalidade de incluir o assédio moral, o assédio sexual e a discriminação como infrações ético-disciplinares na OAB. A lei define assédio moral como:

Art. 34. (...)

§ 2º Para os fins desta Lei, considera-se:

I – assédio moral: a conduta praticada no exercício profissional ou em razão dele, por meio da repetição deliberada de gestos, palavras faladas ou escritas ou comportamentos que exponham o estagiário, o advogado ou qualquer outro profissional que esteja prestando seus serviços a situações humilhantes e constrangedoras, capazes de lhes causar ofensa à personalidade, à dignidade e à integridade psíquica ou física do trabalhador, com objetivo de excluí-los das suas funções ou de desestabilizá-los emocionalmente, deteriorando o ambiente profissional.

O assédio moral se configura, assim, numa das condutas mais abusivas dentro do ambiente de trabalho, que pode repercutir significativamente na violação da saúde mental e no bem-estar físico e emocional dos colaboradores. Por se configurar em agressões injustificadas, a prática contribui para um ambiente de trabalho tóxico, ao deteriorar as relações interpessoais.

Apesar de não conceituar, em setembro do presente ano de 2024, a Norma Regulamentadora 01 do Ministério do Trabalho e Emprego (MTE), que trata das disposições sobre saúde e segurança no trabalho, foi atualizada para incluir os riscos psicossociais, estabelecendo que as empresas devem realizar ações de prevenção das situações de assédio e violência no trabalho, fomentando um ambiente psicologicamente seguro.

As Normas Regulamentadoras do Ministério do Trabalho e Emprego não apresentam uma definição específica de segurança psicológica, no entanto, enfatizam a criação de um ambiente de trabalho saudável e seguro, que respeite a dignidade e a integridade dos trabalhadores (NR-01)[6]. A NR-5, que trata da Comissão Interna de Prevenção de Acidentes e de Assédio (CIPA), estabelece diretrizes para prevenir a prática abusiva no ambiente laboral.

A violência e o assédio no ambiente de trabalho são problemas que afetam significativamente o bem-estar e a saúde mental e física dos trabalhadores. Estudos vêm identificando o aumento do risco de doenças cardiovasculares diante dos impactos na saúde mental, com maior propensão a desenvolver ansiedade, depressão e comportamentos de risco, quando o indivíduo é exposto a adversidades como o assédio (Kuehn, 2019).

Pesquisas publicadas no European Heart Journal demostram a relação da violência no local de trabalho com o aumento do risco de trabalhadores desenvolverem doenças cardiovasculares. A exposição a comportamentos hostis em ambiente laborais é fator de estresse crônico, o que eleva os níveis de cortisol e adrenalina no corpo, que, em excesso, prejudicam o sistema cardiovascular[7].

Destaca-se, ainda, a pesquisa do instituto Gallup[8] sobre o bem-estar do trabalhador, descrito como um estado em que os funcionários sentem suporte emocional e físico, têm relações saudáveis e positivas no ambiente laboral, percebem propósito em suas funções e dispõem de oportunidades

---

6   Sugestão de complementação de informações sobre as alterações na Norma Regulamentadora 01 https://www.gov.br/trabalho-e-emprego/pt-br/noticias-e-conteudo/2024/Setembro/governo-federal-atualiza-nr-01-para-incluir-riscos-psicossociais-e-reconstitui-comissao-do-benzeno . Acesso em 31/10/24.

7   Disponível em https://saude.abril.com.br/coluna/com-a-palavra/assedio-no-trabalho-e-um-fator-de-risco-subestimado-para-doencas-cardiacas . Acesso em 23/11/24.

8   Disponível em https://www.gallup.com/workplace/404105/importance-of-employee-wellbeing.aspx.aspx . Acesso em 18/11/24.

para desenvolvimento pessoal. Segundo os dados da pesquisa, funcionários expostos a comportamentos abusivos enfrentam maior risco de estresse, ansiedade e depressão. Por sua vez, o estudo demonstra que a hostilidade no ambiente laboral reduz o engajamento dos colaboradores ao corroer a confiança e o senso de equipe, prejudica a produtividade e criatividade, além de gerar altos índices de rotatividade.

Em um contexto organizacional conflituoso, os efeitos psicossociais, assim, representam fator de importância a serem devidamente observados e levados em consideração pelo presente estudo. O desgaste proporcionado pelo acúmulo de conflitos e problemas não resolvidos desencadeiam efeitos à nível de indivíduo, sendo fatores potenciais para o estresse, ansiedade, absenteísmo, alcoolismo e, inclusive burnout, impactando a saúde mental dos funcionários (Jesus e Almeida, 2020). Segundo os autores (Jesus e Almeida, 2020, p.6):

> O Ministério da Saúde Portaria nº 1.339/GM, de 18 de novembro de 1999, institui a lista de doenças relacionadas ao trabalho, devidamente indiciadas, como por exemplo o estresse, o alcoolismo, o absenteísmo, e cujas causas identificadas são as condições de trabalho, bem como a rivalidade entre os colaboradores, ameaças de perda do emprego, assédio moral, dentre outros fatores relacionados a dificuldade e conflitos nas organizações em que as pessoas atuam.

Portanto, há considerável prejuízo social no trabalho, configurando-se no que se convencionou chamar de "organização com medo" ou "cultura do silêncio" (Edmondson). Segundo o estudo da autora, nestas ambiências, o uso da voz é consideravelmente prejudicado, inviabilizando processos de facilitação do diálogo e mediação, diante da falta de confiança acerca das consequências pela comunicação de conflitos e denúncias de más condutas ou controvérsias em geral.

A imposição do medo impacta consideravelmente os indivíduos, a ponto de ocasionar comportamentos na defensiva ou a omissão, por meio do silêncio. A pesquisadora identificou que as duas razões de um comportamento mais passivo "foram, em primeiro lugar, o medo de serem vistos ou rotulados negativamente e, em segundo, o medo de prejudicar relacionamentos de trabalho" (p. 62).

Essa ambiência de medo causa dor social[9], caracterizada por sentimentos de temor ao isolamento, vergonha, inadequação, insegurança, exclusão, gerando estresse, ansiedade, depressão, burnout[10]. Por sua vez, o estresse crônico afeta a comunicação e o processo empático dentro das empresas, gerando um ciclo vicioso.

Neste contexto do medo, o erro é punido, o conflito é evitado ao máximo, a voz é calada, há exclusões, podendo configurar, como visto, o assédio moral, o que repercute negativamente na capacidade dos funcionários, no engajamento e na produtividade. Em um ambiente inseguro, os indivíduos não se sentem capazes de lidar com os desafios, nem aptos a manejar de forma mais positiva conflitos e discordâncias de pontos de vista.

Ademais, conflitos mal administrados geram desgastes, também, à nível relacional, na comunicação e no engajamento das equipes, repercutindo na tomada de más decisões e agravando os cenários de crise (Burbrigdge e Burbridge, 2012). Podem causar desconforto, insegurança, desconfiança e sensação de instabilidade entre os membros das equipes e setores da organização, comprometendo os resultados empresariais.

Neste mesmo sentido, Manfredi e Burbridge (2021, p. 413) afirmam como o "custo mais óbvio" as disputas submetidas ao Judiciário, com os ônus processuais e honorários advocatícios. Além disso, podem ser apontados

---

9   Sugestão de complementação de informações sobre o termo "dor social" os pesquisadores Matthew Lieberman e Naomi Eisenberg.

10   "Há evidências de que a dor social compartilha substratos neurais e neuroquímicos com dor física." (Eisenberg, 2015, citada por Carla Furtado, comunicação pessoal, 27.set.2023).

os danos à imagem da empresa, que causam custos mais difíceis de serem mensurados.

É possível mapear alguns impactos dos conflitos, verificando a relação de causalidade com a omissão da empresa na gestão das controvérsias, a partir de dados de rotatividade, turnover, afastamento por adoecimento como burnout, acidentes laborais e números de reclamações trabalhistas e processos judiciais.

Conclui-se, portanto, que uma cultura organizacional influencia a criação de um ambiente de trabalho favorável ou não ao fomento do conflito improdutivo, ou mesmo violento, culminando em tensão no clima organizacional e desencadeando fatores de estresse. Em contrapartida, quando o conflito é abordado de forma eficaz por meio do diálogo, há a promoção da compreensão mútua, o impulsionamento do clima organizacional, o desenvolvimento pessoal e organizacional, além do estímulo à inovação (Jesus e Almeida, 2020).

Diante de um emaranhado de desafios nas relações empresariais, os conflitos podem abranger desde simples desentendimentos, até confrontos e violências, com motivações variadas. Tais acontecimentos tem potenciais diversos, a ponto de gerar rompimentos, dificuldades e adversidades no ambiente de trabalho, afastamentos, estresse, adoecimentos físicos e psíquicos, além de outros riscos e custos que, inclusive, impactam o bem-estar, a produtividade dessas organizações.

Os impactos descritos ressaltam a importância de criar um ambiente de trabalho saudável psicologicamente, com estratégias de desenvolvimento de programas de prevenção dos riscos interpessoais e psicossociais, implementar códigos de conduta contra o assédio no ambiente de trabalho, treinar competências socioemocionais e viabilizar a ambiência para diálogos de solução de controvérsias, de forma a mitigar os riscos e fomentar o bem-estar. A promoção de uma cultura organizacional baseada em segurança psicológica pode, assim, reduzir significativamente os efeitos adversos descritos.

O ambiente organizacional, por sua natureza dinâmica e interdependente, exige abordagens sofisticadas para lidar com conflitos. A integração de métodos consensuais e estratégias de gestão que priorizem a segurança psicológica emerge como uma solução promissora para fomentar ambientes de trabalho mais colaborativos e produtivos. O próximo capítulo apresenta a mediação como um método central para gerir controvérsias de forma construtiva, aprofundando suas características e aplicabilidade.

MEDIAÇÃO NA SOLUÇÃO DE CONFLITOS ORGANIZACIONAIS

No contexto empresarial, as tensões e disputas surgem como reflexo das interações humanas e da complexidade organizacional. Diante disso, os meios consensuais de resolução de conflitos têm ganhado destaque por sua capacidade de transformar divergências em oportunidades de diálogo e aprendizado.

Este capítulo analisa o papel da mediação como método central para a gestão de conflitos organizacionais. São apresentados os princípios norteadores da mediação, com destaque para a autonomia da vontade e o protagonismo das partes, e suas conexões com a cultura organizacional. Além disso, discute-se a perspectiva transformativa da mediação, suas técnicas específicas e os benefícios de sua aplicação no ambiente corporativo.

A mediação, em especial, se configura em caminho essencial para criar soluções colaborativas, fortalecer relações e fomentar um ambiente de trabalho harmonioso. Trata-se de meio que proporciona a maior satisfação dos interesses envolvidos e dos contratos existentes, inclusive melhor atendendo às finalidades das empresas quanto à qualidade e sustentabilidade nas relações com diversos públicos, eficácia dos resultados almejados e produtividade.

Diante do cenário histórico de complexidade, Almeida e Silva (2021, p.236) descrevem o fenômeno de transição das empresas para adoção de mecanismos de prevenção e gestão de conflitos:

Nesse universo de mudanças cada vez mais velozes, a otimização dos ativos soft – capital intelectual, capital humano, imagem, relacionamentos internos com stakeholders, agilidade nas respostas a clientes e na atualização de processos e procedimentos – pressupõe estruturas gerenciais menos hierarquizadas, fiscalização e avaliação por usuários, e lógica econômica invertida (quanto mais popular e vendável, mais valioso). Essa nova e mais complexa paisagem requer espectro de estilos de resolução de conflitos que melhor atenda nas necessidades de agilidade, especificidade e abrangência.

A partir da contextualização dos meios adequados de solução de conflitos, a mediação se configura no método consensual apropriado a lidar com os conflitos organizacionais. A razão disso se dá pelo fato de que a mediação se volta às disputas nas "relações interpessoais duradouras ou que devem, de alguma maneira, prosseguir", em que há a preponderância de questões de ordem subjetiva (Demarchi, 2007, p 180).

A mediação pode ser definida como o método em que um terceiro imparcial, chamado de mediador, promove a reconstrução do diálogo e a colaboração entre os envolvidos em uma disputa, facilitando caminhos para estimular as partes a alcançarem um acordo mutuamente satisfatório (Lagrasta, 2024).

No Brasil, a mediação é regulamentada pela Resolução nº 125, de 29 de novembro de 2010, do Conselho Nacional de Justiça, ratificada por um capítulo inteiro no Código de Processo Civil e possui marco regulatório pela Lei nº 13.140, de 26 de junho de 2015, denominada Lei da Mediação. Assim, configura-se meio legal de solução, possuindo diretrizes sobre princípios, regras de procedimento e atuação dos mediadores.

A mediação possui amplo e diversificado alcance, estipulado, inclusive, pela Lei 13.140/15, que prevê a abrangência da mediação quanto aos "direitos disponíveis ou sobre direitos indisponíveis que admitam transação"[11]. É aplicável a qualquer questão em âmbito empresarial, seja decorrente de relações entre empresas, com terceiros, organizações e instituições, ou mesmo conflitos internos a estas empresas.

Numa perspectiva de resolução dos conflitos, o Manual de Mediação Judicial (Brasil, 2016, p.20), compilando as diretrizes da Política Nacional de Tratamento Adequado dos Conflitos, destaca que:

> Trata-se de um método de resolução de disputas no qual se desenvolve um processo composto por vários atos procedimentais pelos quais o(s) terceiro(s) imparcial(is) facilita(m) a negociação entre as pessoas em conflito, habilitando-as a melhor compreender suas posições e a encontrar soluções que se compatibilizam aos seus interesses e necessidades.

Configura-se em uma forma não adversarial de solução de controvérsias interpessoais, conduzida a partir do apoio a duas ou mais pessoas envolvidas, facilitando a comunicação empática, para que soluções eficientes possam emergir da interação sustentável entre as partes envolvidas (Almeida, 2014).

Ao comparar a mediação com formas heterônomas de resolução de disputas, como a arbitragem e a jurisdição, é possível realçar suas características distintas e vantagens quanto ao potencial de resolver questões subjetivas relacionadas ao contexto e transformar as relações com maior cooperação entre as partes. Assim, diferentemente do litígio, que é um processo adversarial conduzido

---

11   Art. 3º. Pode ser objeto de mediação o conflito que verse sobre direitos disponíveis ou sobre direitos indisponíveis que admitam transação. § 1º A mediação pode versar sobre todo o conflito ou parte dele. § 2º O consenso das partes envolvendo direitos indisponíveis, mas transigíveis, deve ser homologado em juízo, exigida a oitiva do Ministério Público. Disponível em https://www.planalto.gov.br/ccivil_03/_ato2015-2018/2015/lei/l13140.htm . Acesso em 14/07/24.

judicialmente, onde o juiz decide favorecendo uma parte em detrimento da outra; a mediação é intrinsecamente colaborativa e prioriza a construção da solução pelas próprias partes (Lagrasta, 2024, p. 105).

Para Demarchi (2007, p. 111),

> Em razão dessa forma de abordagem dos conflitos, as pessoas envolvidas nesse processo devem apresentar plenas condições de decisão sobre a disputa existente, pautando-se pela livre manifestação da vontade e boa-fé, num ambiente de confidencialidade que propicie a consciente e responsável tomada de decisão.

A recomendação de confidencialidade é fundamental para propiciar um ambiente seguro a dialogar sobre a "lide sociológica" (Carnelutti apud Lagrasta, 2024, p. 104), ou seja, questões de ordem emocional e relacional, qualidades da comunicação, interesses e necessidades das partes (Demarchi, 2007).

Diante desta qualidade de tratamento das disputas, o presente método se destaca dos demais na medida em que se destina a lidar com disputas em relações previamente existentes, que perduram no tempo. Nestas interações, onde há a predominância de questões de ordem subjetiva diante do vínculo duradouro, Lagrasta (2024, p.104) afirma que o mediador deve implementar esforços voltados ao restabelecimento do diálogo, estimulando a autodeterminação, complementando que:

> Em outras palavras, nesses casos, a mediação é mais favorável porque tem como objetivo maior a condução das partes a um estado de cooperação, cabendo ao mediador investigar seus verdadeiros interesses (questões subjetivas e histórico do relacionamento), a fim de propiciar um ambiente favorável a tentativa de negociação, não sendo absolutamente necessária a obtenção de um acordo, mas sim a busca da melhora do relacionamento entre as partes.

Portanto, a mediação é um método que pressupõe um convívio entre pessoas, ou seja, que denote uma relação prévia, como acontece nas relações familiares, escolares, empresariais e nas relações de trabalho. Nestas ambiências, há múltiplos fatores que impactam a continuidade dos relacionamentos, e a mediação se mostra eficaz na transformação das controvérsias que trazem tensões e riscos à longevidade, qualidade e sustentabilidade das relações, acentuadas neste cenário de polarização e volatilidade das relações.

A mediação foca na preservação e no fortalecimento dessas relações entre os participantes, configurando-se, particularmente, em valioso instrumento dentro dos ambientes organizacionais diante da necessidade de longevidade e boa convivência para execução de objetivos comuns a uma equipe e uma organização (Fisher et al., 2018). Braga Neto (2020, p.211) pontua que:

> Na verdade, é o momento em que as pessoas percebem que estão vivenciando uma oportunidade de falar sobre o conflito e a inter-relação entre elas existente. Com isso, se instaura a colaboração, oferecendo-se o repensar da inter-relação com a eventual perspectiva de futuro, para a promoção de ideias ou possibilidades que levarão a soluções que atendam não as posições iniciais, mas sim aos seus reais motivadores – entre outros, os interesses, as expectativas, os desejos, as necessidades ou valores envolvidos no conflito, os quais são grandes impulsionadores das inter-relações.

Neste processo de tentativa de restabelecimento do diálogo e ressignificação das trocas e relações, o mediador é o terceiro imparcial que atua para auxiliar os envolvidos a identificarem seus interesses e necessidades, por meio do acolhimento dos sentimentos que emergirem na interação e diálogo sobre questões subjetivas e objetivas. Como facilitador da interação, deve garantir uma comunicação entre os mediandos focada em opções de soluções, orientando-os a eles mesmos encontrarem a solução que melhor atenda a todos. Dessa forma, há um estímulo pelo mediador a um diálogo cooperativo dos participantes, inexistindo a figura do perdedor.

Segundo Lagrasta (2023, p. 26):

> Em princípio, todos os conflitos interpessoais podem ser trabalhados na mediação e, se esta não culminar num acordo, pelo menos os participantes terão esclarecido o conflito e aprendido a dialogar entre si de forma respeitosa e produtiva, pois o verdadeiro objetivo do mediador não é obter um acordo, mas sim restabelecer o diálogo entre as partes, permitindo que melhorem o relacionamento, para que, por si sós, cheguem às soluções de seus problemas.

Importante definir o espectro de atuação da mediação empresarial a partir do tipo de conflito e das relações jurídicas envolvidas. O termo designa o procedimento de solução de conflitos focado nos relacionamentos da empresa com stakeholders.

O conceito amplo de mediação empresarial abrange atores externos, tais como fornecedores e clientes, relações de consumo, parcerias comerciais entre empresas, relacionamento com governo, organizações e associações, em que interesses possam ser impactados direta ou indiretamente pela atividade empresarial (Grosman & Bayer, 2021). Além disso, contempla atores internos à organização, como a relação entre sócios, conselhos de administração, alta administração, líderes, gestores, equipes e funcionários da corporação.

A partir das características e da natureza jurídica da relação com cada stakeholder, a mediação no âmbito empresarial envolve uma área específica do Direito: societária, trabalhista, comercial, consumerista, recuperação judicial e extrajudicial, a mediação organizacional. Cada área abrangida por este meio consensual possui, assim, especificidades diante da relação conflituosa, particularidades do ator e do contexto do conflito, incidindo as normas legais inerentes a cada área jurídica.

Em face desta distinção, verifica-se que há doutrinadores que classificam como mediação empresarial aquela que busca resolver as controvérsias que ocorrem no meio empresarial envolvendo disputas contratuais, comerciais, consumeristas, transações com empresas fornecedoras, clientes, órgãos governamentais, associações, ou seja, com o público externo (Braga Neto e Freire, 2019).

A doutrina classifica como mediação "intraorganizacional" ou "intraempresarial" quando a mediação está relacionada a assuntos corporativos internos, "ocorridos no seio da própria empresa, bem como para aqueles que sejam fruto do seu relacionamento com terceiros" (Braga Neto, 2019, p.15). Segundo Fagundes (2019, p.53):

> [...] A mediação organizacional, por sua vez, também chamada de mediação corporativa, é intraorganizacional e tem por objeto a resolução dos conflitos internos da organização, visando ao restabelecimento do clima organizacional satisfatório e no qual as relações entre seus colaboradores não venham a causar um impedimento à obtenção dos resultados almejados.

A mediação organizacional, portanto, é aquela que ocorre entre o público interno, e não se confunde com a mediação trabalhista, diante dos interesses das partes em conflito. Inclusive, as reclamações trabalhistas, ou seja, os litígios quanto a direitos trabalhistas, não estariam abrangidos pelos conflitos organizacionais, na medida em que estes últimos se configuram em disputas entre funcionário e empregador quanto aos direitos previstos especificamente na legislação trabalhista, seja o conflito individual ou coletivo (Grosman & Bayer, 2021).

O presente trabalho tem por objetivo geral compreender a inserção da mediação para gerir especificamente as controvérsias intraorganizacionais, portanto, aquelas inerentes às relações dos stakeholders internos, tais como: conflitos entre funcionários, setores, diretores e colaboradores, times, gestores entre si ou com suas equipes, departamentos, ou seja, as interações corporativas que ocorrem no ambiente de trabalho, não estando abrangidos os interesses trabalhistas em discussão.

Neste contexto de uso da mediação organizacional, as empresas podem adotar algumas estratégias para lidar com esses conflitos, tais como: consultoria externa especializada em gestão de conflitos no âmbito empresarial; ou utilizar-se da própria estrutura interna, organizada previamente para este fim (Braga Neto, 2019). A presente pesquisa tem como objetivo analisar a integração e disponibilização da mediação em um sistema customizado para manejar as disputas intraorganizacionais (Faleck, 2018).

As estratégias de sistematização do processo de resolução de conflitos organizacionais trazem a mediação como principal método a ser adotado na prevenção, gestão e transformação das controvérsias existentes entre os diversos atores com os quais a empresa interage cotidianamente.

Em ambos os caminhos, é crucial a existência de mediadores imparciais e devidamente treinados, para que sejam garantidos os princípios do processo de mediação: isonomia, confidencialidade, informalidade, autonomia da vontade, boa-fé e construção do consenso (Braga Neto, 2019). Estes princípios moldam a gestão adequada das controvérsias, viabilizando um processo eficiente e seguro.

PRINCÍPIOS DA MEDIAÇÃO

A análise da base principiológica da mediação se justifica pela importância das balizas para inserção desse mecanismo no contexto empresarial, de forma a preservar a essência e eficácia do procedimento em âmbito privado e, assim, manter a confiança dos envolvidos. A utilização de técnicas adequadas da mediação em sistemas de gestão de conflitos nas empresas não pode olvidar dos princípios norteadores da mediação.

No que concerne aos requisitos mínimos a serem resguardados no procedimento da mediação, Gabbay (2011, p.24) explica que "uma das características centrais da mediação é a sua flexibilidade procedimental, de forma que é o processo que deve se adequar ao conflito, e não o conflito ao processo (regra geral de 'one size does not fit all')". A autora elenca como essencial a voluntariedade das partes (autonomia da vontade), a imparcialidade e independência do mediador e a igualdade de oportunidades que têm as partes de dialogar sobre o caso (contraditório), sustentando "um devido processo legal mínimo a ser seguido" (Gabbay, 2011, p.234).

É importante frisar que, como visto anteriormente, a flexibilidade é intrínseca aos processos autocompositivos. Porém, não se pode olvidar de aspectos procedimentais importantes na estruturação de um sistema adequado a manejar conflitos, preservando garantias mínimas aos mediandos.

Com esta finalidade de compreender quais as balizas que devem nortear o uso da mediação em contexto privado, buscou-se verificar algumas fontes.

Ao pesquisar as referências no conjunto legislativo que rege a mediação, verifica-se que a mediação possui princípios estabelecidos tanto na Lei n. 13.140/2015, quanto no Código de Processo Civil de 2015 (Lei n. 13.105/2015). Segundo Lagrasta (2024, p.302), a Resolução n. 125, do CNJ, em seu Anexo III, traz o Código de Ética, que abrange o "mais completo e detalhado" conjunto de princípios éticos para a conduta de conciliadores e mediadores judiciais.

Lagrasta (2024, p.303) destaca que a Lei n. 13.140/2015, em seu art. 2º[12], não fez uso da melhor técnica legislativa, pois mistura princípios com regras de conduta; e elenca outros que não são próprios da mediação, "tais como, oralidade, informalidade, isonomia entre as partes e boa-fé". Ainda, a norma legal atribui à mediação a "busca do consenso", regra da conciliação, e

---

12   Art. 2º A mediação será orientada pelos seguintes princípios: I – imparcialidade do mediador; II – isonomia entre as partes; III – oralidade; IV – informalidade; V – autonomia da vontade das partes; VI – busca do consenso; VII – confidencialidade; VIII – boa-fé. Disponível em https://www.planalto.gov.br/ccivil_03/_ato2015-2018/2015/lei/l13140.htm . Acesso em 14/07/24.

inexistente na mediação, na medida em que este método consensual se difere daquele por não haver obrigação de solução.

A questão é compreender quais princípios seriam fundamentais em contextos privados e sistemas de resolução de controvérsias, inclusive no ambiente interno das organizações.

Para tanto, buscou-se referência no CONIMA (Conselho Nacional das Instituições de Mediação e Arbitragem), por se configurar na entidade, no Brasil, que possui a missão de "congregar e representar as entidades de mediação e arbitragem" (CONIMA, n.d.). O CONIMA (n.d.) define diretrizes no Código de Ética para Mediadores[13], enumerando os seguintes princípios:

> Referido regulamento define os princípios básicos a serem observados no processo de mediação, que são: i. o caráter voluntário; ii. o poder dispositivo das partes, respeitando o princípio da autonomia da vontade, desde que não contrarie os princípios de ordem pública; iii. a complementaridade do conhecimento; iv. a credibilidade e a imparcialidade do mediador; v. a competência do mediador, obtida pela formação adequada e permanente; vi. a diligência dos procedimentos; vii. a boa fé e a lealdade das práticas aplicadas; viii. a flexibilidade, a clareza, a concisão e a simplicidade, tanto na linguagem quanto nos procedimentos, de modo que atendam à compreensão e às necessidades do mercado para o qual se voltam; ix. a possibilidade de oferecer segurança jurídica, em contraponto à perturbação e ao prejuízo que as controvérsias geram nas relações sociais; x. a confidencialidade do processo.

---

13   Disponível em https://conima.org.br/mediacao/codigo-de-etica-para-mediadores/ . Acesso em 14/07/24.

Como entidade privada de mediação e arbitragem, a pesquisa destaca a CAMARB – Câmara de Mediação e Arbitragem Empresarial – Brasil, associação sem fins lucrativos que administra procedimentos extrajudiciais de arbitragem, dispute board e mediação empresarial[14]. A câmara possui atuação em disputas empresariais, que evolvem inclusive o agronegócio, a construção, demandas societárias e temas que abrangem energia e infraestrutura, com escritórios em diversas partes do Brasil e no exterior, como em Lisboa (Portugal).

O Código de Ética e Conduta da CAMARB elenca orientações não exaustivas sobre os deveres dos profissionais atuantes de arbitragem, mediação e dispute boards, em complemento ao que dispõe o Código de ética para mediadores do CONIMA:

2.2. No exercício da sua função, o(a) Profissional deverá:

a. ser discreto(a) e evitar conduta ou aparência de conduta imprópria, que possa ensejar dúvida justificável quanto à sua independência ou imparcialidade;

b. abster-se de prometer ou garantir resultado;

c. evitar manter contato sobre o procedimento com as partes, assistentes técnico(a)s e/ou o(a)s seus(suas) procurador(a)s em momentos e ambientes distintos daqueles destinados à realização de atos do procedimento. Quando necessário, deve fazê-lo, preferencialmente, com a participação de todas as partes, bem como, se for o caso, com a participação do(a)s demais profissionais nomeado(a)s, e sempre com transparência;

---

14   Disponível em https://camarb.com.br/institucional/nossa-historia/ . Acesso em 21/10/24.

d. atuar de forma diligente, célere e eficiente, em atendimento às expectativas razoáveis das partes, e zelar para que o procedimento seja administrado de forma eficiente em termos de tempo e custo;

e. agir com transparência e oferecer tratamento igualitário às partes;

f. no caso do(a)s árbitro(a)s e do(a)s membro(a)s de dispute boards, respeitar os princípios do contraditório e do seu livre convencimento motivado;

g. possuir capacidade técnica e disponibilidade para atuar em todas as etapas do procedimento;

h. tratar todas as pessoas envolvidas no procedimento com urbanidade e respeito; e

i. salvo convenção em sentido contrário das partes, guardar sigilo sobre o conteúdo e o andamento do procedimento, mesmo após o seu encerramento, ressalvadas as hipóteses legais e regulamentares em que o sigilo é afastado.

Outra Câmara de destaque no cenário do Brasil é a Câmara de Conciliação, Mediação e Arbitragem Ciesp/Fiesp, instituída pelo Centro das Indústrias do Estado de São Paulo (Ciesp) e pela Federação das Indústrias do Estado de São Paulo (Fiesp)[15]. O Código de Ética desta câmara enumera os princípios fundamentais, quais sejam: (i) diligência e eficiência na garantia da justa e eficaz resolução dos conflitos; (ii) sigilo das informações; e (iii) autonomia privada. Destaca, ainda, os deveres de imparcialidade e independência do árbitro.

---

15   Disponível em https://www.camaradearbitragemsp.com.br/pt/camara.html . Acesso em 21/11/24.

Por fim, foi pesquisada outra entidade privada, CBMA[16] (Centro Brasileiro de Mediação e Arbitragem), "entidade sem fins lucrativos, vinculada à ACRJ – Associação Comercial do Rio de Janeiro, FENASEG – Federação Nacional das Empresas de Seguros Privados e de Capitalização e à FIRJAN – Federação das Indústrias do Estado do Rio de Janeiro" (CBMA, 2015, p.1). Justifica-se a escolha de referida instituição diante de seu propósito de promover, a resolução de conflitos extrajudiciais e empresariais.

Necessária a transcrição do item 1.4. do Regulamento de Mediação do CBMA (2015, p.1):

O processo de mediação fundamenta-se na informalidade, autonomia da vontade e boa-fé de todos os participantes. As informações trocadas e as propostas feitas no curso da mediação são confidenciais e não poderão ser reveladas posteriormente pelas partes e mediadores, inclusive em posterior arbitragem ou processo judicial. Ao contrário do processo judicial e da arbitragem, as partes preservam para si o poder de decidir a solução a ser adotada embora o mediador tenha poder de decisão acerca da condução do processo de mediação.

Percebe-se que o regulamento do CBMA traz o enfoque às seguintes bases principiológicas: informalidade, autonomia da vontade, boa-fé, confidencialidade.

Da análise das normas acima relacionadas e das ponderações relativas à melhor técnica legislativa, e a importância de condutas éticas por parte do mediador, conclui-se que, para os fins do presente trabalho, os princípios básicos a serem aplicados em contextos privados e sistemas de resolução de controvérsias no ambiente interno das organizações, são os seguintes:

---

16   Disponível em https://cbma.com.br/ . Acesso em 14/07/24.

(1) voluntariedade ou autonomia da vontade; (2) informalidade; (3) confidencialidade; (4) imparcialidade do mediador; (5) cooperação.

A voluntariedade se configura em essencial princípio da mediação, implicitamente previsto no art. 2º, § 2º, da Lei de Mediação. Informa que o processo tem caráter voluntário, com a garantia do direito de as partes optarem livremente pelo processo de mediação e interromperem a qualquer momento. A autonomia da vontade também se manifesta na escolha comum do mediador, na decisão sobre quais assuntos serão submetidos ao procedimento, a extensão da confidencialidade, a condução do procedimento, maior ou menor formalidade, e abrangência do acordo como expressão ampla dos interesses dos mediandos (Almeida, 2014).

Ao tempo em que faz prevalecer a autonomia da vontade, a mediação prima pela informalidade e assegura a confidencialidade do procedimento, atendendo às necessidades do cliente de flexibilidade, sigilo e segurança na condução do processo. A informalidade garante a simplicidade do procedimento a ser conduzido de forma a se adaptar à livre manifestação de vontade dos participantes e ao contexto do modelo de negócio da empresa.

A informalidade também se manifesta na oralidade do procedimento, que avaliza garantir um procedimento mais célere e dinâmico, para fomentar os diálogos necessários à transformação da disputa. Por se tratar de um processo interativo, o mediador implementa algumas técnicas como a escuta ativa, facilitando o diálogo aberto entre os mediandos, ao instigar perguntas para ampliação da percepção do contexto conflitivo e incentivando os envolvidos a escutar ativamente, com atenção, empatia e respeito ao tempo de fala um em ralação ao outro ou ao grupo. Ele estimula a reflexão por meio de perguntas, para que não haja discussões agressivas e improdutivas.

Não obstante ser um procedimento com simplicidade, importante pontuar que a mediação é um meio em que questões complexas de um relacionamento são pautadas e conduzidas pelo mediador. Segundo Braga Neto (2020, p.206):

A simplicidade conceitual enfatizada no primeiro parágrafo, por outro lado, encobre o caráter complexo do método, operado por meio da intervenção de um terceiro com inúmeras funções, dentre elas a de proporcionar momentos de reflexão sobre tudo aquilo que foi vivenciado pelas pessoas, como dito, sejam físicas, sejam jurídicas. Essa aparente simplicidade não deve impedir a identificação de toda a complexidade de que se reveste a inter-relação entre elas e o conflito instaurado. A mediação se propõe a refletir sobre essa complexidade para, com a mediação, promover o repensar sobre a perspectiva de futuro para aquelas pessoas. ao mesmo tempo, busca redefinir papéis que muitas vezes são confundidos por força da existência do conflito.

Esses atributos da mediação voltados a lidar com questões complexas dos relacionamentos se configuram em vantagens para o ambiente empresarial, que requer informalidade, sigilo e maior poder de decisão manifesto na autonomia da vontade. Ademais, o ambiente organizacional lida cotidianamente com relações complexas diante da diversidade de pessoas, papéis, posições e interesses com a qual interage.

No ambiente de negócios, é indiscutível a relevância de decisões eficazes e pertinentes no decorrer das atividades inerentes ao negócio, que demandam velocidade na discussão de opções e celeridade na tomada de decisões.

Outro pressuposto da mediação é a confidencialidade. O sigilo envolve todas as etapas e, inclusive, informações compartilhadas acerca de fatos, relatos, propostas e documentos durante todo o processo, sendo vedado a divulgação de quaisquer destes pontos a pessoas que não participaram do processo. A Lei 13.140/2015, em seus artigos 30 e 31, possui seção específica para garantir a confidencialidade dos relatos, elencando algumas exceções expressas em uma lista taxativa.

O sigilo oportuniza o discurso genuíno, em que há espaço para expressão de sentimentos, de maneira empática, algo que é desafiador no ambiente corporativo frente à uma visão mais racional das relações. "O respeito à confidencialidade tem o escopo de estimular os mediandos a externarem seus reais interesses, opiniões e sentimentos, sem receio de que as revelações sejam usadas contra eles em processo judicial ou arbitral" (Almeida et al., 2020, p.109).

Este espaço privado e seguro promovido pela confidencialidade do procedimento de mediação viabiliza e encoraja a discussão sobre questões sensíveis, permitindo que os envolvidos expressem suas preocupações, emoções e necessidades. Este maior envolvimento proporciona soluções mais duradouras, com o comprometimento na criação e cumprimento da solução customizada.

No exercício do papel de mediador, tais balizas éticas conduzem o processo com flexibilidade e confiança. Sua atuação imparcial não possui qualquer poder decisório, em que não há imposição de soluções nem sequer aconselhamento. O mediador, assim, atua para proporcionar aos mediandos as informações suficientes para uma tomada de decisão genuína e autônoma.

Nesta condução, ganha importância o princípio da imparcialidade ativa, previsto no art. 2º, I, da Lei 13.140/2015, e art. 166, do CPC. Este terceiro imparcial atuará como facilitador do diálogo, adotando postura de não julgamento, zelando para que seus valores e crenças pessoais não interfiram na sua neutralidade em relação aos envolvidos, sem favoritismo por um em detrimento do outro, de acordo com artigo 1º, inciso IV, do Código de Ética de Conciliadores e Mediadores Judiciais, Anexo III da Resolução nº 125 do CNJ[17].

---

17   Art. 1º São princípios fundamentais que regem a atuação de conciliadores e mediadores judiciais: confidencialidade, decisão informada, competência, imparcialidade, independência e autonomia, respeito à ordem pública e às leis vigentes, empoderamento e validação. I – Confidencialidade – dever de manter sigilo sobre todas as informações obtidas na sessão, salvo autorização expressa das partes, violação à ordem pública ou às leis vigentes, não podendo ser testemunha do caso, nem atuar como advogado dos envolvidos, em qualquer hipótese; II – Decisão informada - dever de manter o jurisdicionado plenamente informado quanto aos seus direitos e ao contexto fático no qual está inserido; III – Competência - dever de possuir qualificação

A mediação é um meio de solução de conflitos que tem por escopo propiciar a cooperação entre os participantes, fomentando o trabalho conjunto para alcançar soluções mutuamente satisfatórias. A busca do diálogo é escopo da mediação e pode ser descrita pelo binômio ganha-ganha, ao invés da postura perde-ganha, ínsita ao processo adversarial, que impõe submissão, cessão e/ou renúncia a direitos de uma das partes em detrimento da outra.

A cooperação envolve a visão do diálogo respeitoso e escuta ativa mútua, com a mudança da crença de que é preciso abdicar dos próprios interesses para chegar a um acordo, para uma visão de harmonização dos interesses. Acolher o ponto de vista diferente não implica concordância; compreender a situação significa ampliar a percepção sobre o contexto e encontrar soluções para o impasse.

Diante de seus princípios norteadores, vislumbra-se que a mediação traz inúmeros benefícios na gestão de conflitos em empresas, na medida em que oportuniza dialogar não apenas sobre aspectos jurídicos e objetivos da disputa, mas também, questões subjetivas importantes a serem consideradas, como

---

que o habilite à atuação judicial, com capacitação na forma desta Resolução, observada a reciclagem periódica obrigatória para formação continuada; IV – Imparcialidade - dever de agir com ausência de favoritismo, preferência ou preconceito, assegurando que valores e conceitos pessoais não interfiram no resultado do trabalho, compreendendo a realidade dos envolvidos no conflito e jamais aceitando qualquer espécie de favor ou presente; V – Independência e autonomia - dever de atuar com liberdade, sem sofrer qualquer pressão interna ou externa, sendo permitido recusar, suspender ou interromper a sessão se ausentes as condições necessárias para seu bom desenvolvimento, tampouco havendo dever de redigir acordo ilegal ou inexequível; VI – Respeito à ordem pública e às leis vigentes - dever de velar para que eventual acordo entre os envolvidos não viole a ordem pública, nem contrarie as leis vigentes; VII – Empoderamento - dever de estimular os interessados a aprenderem a melhor resolverem seus conflitos futuros em função da experiência de justiça vivenciada na autocomposição; VIII – Validação - dever de estimular os interessados perceberem-se reciprocamente como serem humanos merecedores de atenção e respeito. Disponível em: https://atos.cnj.jus.br/atos/detalhar/156 . Acesso em 14/07/24.

os sentimentos e emoções presentes, necessidades e interesses. Estas últimas questões subjetivas, em regra, não são submetidas ao crivo do processo judicial, o que faz com que o processo seja findado, mas remanesçam as reais causas do conflito e o próprio conflito em si.

O presente trabalho abordou as normas principiológicas mais importantes para a estruturação da gestão adequada de conflitos organizacionais, de forma a compreender o contexto empresarial, adaptando-se a ele, e, simultaneamente, assegurando que as balizas norteadoras da mediação sejam observadas pelo sistema interno de resolução de disputas.

AUTONOMIA DA VONTADE: PARTICIPAÇÃO ATIVA NA SOLUÇÃO

A autonomia da vontade é o motor que deve direcionar as tomadas de decisões nas organizações, sendo essencial compreender o termo nas relações corporativas. A autonomia impacta nas dinâmicas das relações, na escolha da mediação como método de solução dos conflitos organizacionais e sua sistematização dentro das empresas.

Ao contemplar a autonomia da vontade e a responsabilidade individual, principalmente no âmbito corporativo, é instrutivo recorrer à filosofia de Immanuel Kant. Em sua obra "Crítica da Razão Prática", Kant estabelece a autonomia como a capacidade de um indivíduo de ser autolegislativo e moralmente autossuficiente. Ele afirma que "a autonomia da vontade é o princípio supremo de toda a moralidade" (Kant, 1788). Para Kant, a verdadeira liberdade não é meramente a capacidade de escolher, mas a escolha feita em conformidade com a lei moral que o próprio sujeito reconhece como universalmente válida.

Assim, a autonomia da vontade envolve o direito e a capacidade de tomar decisões por si mesmo, segundo seus valores e interesses internos, com liberdade de escolha, e sem manipulação ou imposição por terceiros. Revela a capacidade de autodeterminação, decidindo sem interferências externas, a partir de referenciais internos fortes.

Barroso (2014, citado por Cardoso & Chemin, 2018, p.38) descreve os aspectos que compõem o conceito: "A autonomia pressupõe o preenchimento de determinadas condições, como a razão (a capacidade mental de tomar decisões informadas), a independência (a ausência de coerção, de manipulação e de privações essenciais) e a escolha (a existência real de alternativas)."

O significado da palavra "vontade" abrange motivação, aquilo que dá movimento à ação. Uma vontade bem estabelecida impulsiona o protagonismo dos atores (no sentido de proatividade) na tomada de decisões, a partir do desenvolvimento de capacidade e competências (Ferreira, Andrade e Palcoski, 2021).

Protagonismo e autonomia da vontade são conceitos relacionados à capacidade decisória e ação baseada em convicções pessoais, assumindo a responsabilidade pelos impactos das próprias ações. Nesta perspectiva, identifica-se a potencialidade do uso da mediação e mecanismos consensuais de resolução de disputas no contexto empresarial, inclusive no ambiente organizacional.

No cotidiano corporativo, líderes criam a expectativa de maior autonomia de suas equipes, voltada ao melhor desempenho e performance na direção dos resultados estrategicamente definidos. Para o alcance das metas, é fundamental motivação e comprometimento voltados à produtividade, além de criatividade e flexibilidade na criação de inovação. Pontua Schein (2017, p. 23) que "o engajamento tornou-se uma preocupação central da alta administração em todas as organizações, principalmente as que contratam jovens".

O protagonismo se refere à capacidade de uma pessoa ser promotora de mudanças (Almeida, 2014) e tomar decisões conscientes na direção aos seus interesses e objetivos, de acordo com as metas e o planejamento construído em colaboração, assumindo a responsabilidade pelas próprias atitudes. Estas características são essenciais no cotidiano corporativo, na medida em que gestores e líderes nas empresas precisam de uma equipe coesa, eficiente e capaz de se autogovernar e se comprometer na realização dos objetivos coletivos, sem menosprezar interesses e necessidades individuais daquele grupo social.

No ambiente organizacional, a promoção da autonomia da vontade implica em incentivar o público interno a agir não apenas em resposta a incentivos externos, mas a partir de uma compreensão interna do que é certo e adequado, com direcionamento assertivo das tarefas. A mediação, nesse contexto, deve ser vista como um meio de alcançar espeços de diálogos que leve em consideração interesses pessoais e coletivos, com dignidade e liberdade de todos os envolvidos.

No contexto dos meios adequados de solução de conflitos, a autonomia da vontade dos mediandos é princípio fundamental da mediação, com ampla expressão na condução do procedimento, desde a escolha por este método consensual até a definição dos mediadores, pauta e extensão do sigilo, opções de solução e decisão dentre as alternativas surgidas no processo de diálogo. Os métodos consensuais, em especial a mediação, têm por objetivo promover o protagonismo dos envolvidos, com desenvolvimento da sensação de controle na condução e criação de uma solução mais apropriada aos seus contextos e relações (Almeida, 2014).

Assim, as partes assumem um maior poder de escolha em suas vidas, com autodeterminação e cooperação, a partir da autoimplicação que corresponde ao reconhecimento da corresponsabilidade dos envolvidos no conflito e na solução. Conforme pontua Tânia Almeida (2014, posição 4170):

Autoimplicar-se resgata uma postura protagônica: seja porque identificamos alguma responsabilidade nossa no evento, seja porque queremos resolver o desconforto. O protagonismo nos devolve potência, implicando-nos na ação e na mudança. Implica-nos na construção do conflito, mas também em sua desconstrução; no comprometimento com a resolução coconstruída e com a manutenção da nova dinâmica proposta.

Durante o processo, os mediandos são convidados a refletirem sobre as próprias responsabilidades diante da situação conflituosa, sem culpabilização, reconhecendo como contribuíram para a configuração do embate e como poderiam colaborar na construção da solução. Por meio das intervenções do mediador, há promoção do protagonismo dos envolvidos com estímulos ao diálogo, à empatia, à criatividade e ao respeito mútuo, com escuta e ampliação de consciência da situação controversa.

Por meio desta participação ativa, contribuindo inclusive para a administração do conflito, há um maior senso de pertencimento e comprometimento com a decisão tomada em conjunto, valores importantes dentro do contexto organizacional nas empresas (Faleck, 2018). O envolvimento efetivo e ativo dos participantes durante o processo promove a assunção de responsabilidade pelas decisões tomadas de forma consciente, a partir da identificação de interesses comuns.

Como pontua Lagrasta (2024, p.81): "Em outras palavras, a mediação é um processo cooperativo, que leva em conta as emoções, as dificuldades de comunicação e a necessidade de equilíbrio e respeito dos conflitantes e que pode resultar num acordo viável, fruto do comprometimento dos envolvidos com a solução encontrada." O processo consensual oportuniza os requisitos essenciais para a tomada de decisão consciente e informada. Segundo Pantoja e Almeida (2021, p.69):

> Atuam, outrossim, não somente na resolução, mas também na prevenção de conflitos, na medida em que os partícipes, em vez de constrangidos a decisão inafastável de um terceiro, como ocorre com os métodos heterocompositivos, são os próprios autores do acordo. Desse modo, lhes é concedida a oportunidade de resgatar a sua autonomia, com a ampliação de sua capacidade analítica e decisória, a partir do reconhecimento de suas necessidades e potencialidades, da capacitação ao diálogo colaborativo e as técnicas de negociação, a fim de que passem a prescindir do Judiciário para resolver eventuais novos conflitos.

Para que o processo consensual transcorra assim, é imprescindível que os envolvidos exerçam sua capacidade de decidir de forma plena, com base na livre manifestação da vontade dos participantes, na liberdade de escolha do mediador, no respeito, boa-fé e cooperação no tratamento da situação conflituosa e na confidencialidade (Lagrasta, 2024).

ESCOLA DE MEDIAÇÃO TRANSFORMATIVA

Este livro se fundamenta na visão da transformação de conflitos, na medida em que se busca, dentro do ambiente organizacional, não apenas fomentar métodos de resolução consensual das disputas, mas a viabilização de processos de mudança construtiva (Lederach, 2012).

Assim, é fundamental destacar a Escola de Mediação Transformativa, desenvolvida por Robert A. Baruch Bush e Joseph P. Folger (2005), como modelo de mediação a balizar o presente trabalho. Neste contexto norteador, este modelo tem como foco as pessoas e suas relações.

A mediação transformativa busca trabalhar na viabilização do diálogo em uma relação com a comunicação interrompida. Neste propósito, o mediador estabelece uma ponte para que os mediandos possam se reconhecer mutuamente, em seus interesses, vontades, dores, expectativas reais ou ilusórias, abrindo a oportunidade de uma solução consensual que atenda aos interesses de todos os envolvidos.

Diferentemente de outras formas de mediação, mais focadas na solução do conflito, a mediação transformativa se concentra no processo e na qualidade da interação entre as partes a partir da concepção do conflito como "elemento potencialmente transformador" (Lagrasta, 2024, p. 134). O referencial desta escola é transformar a dinâmica relacional, promovendo um diálogo construtivo dos envolvidos no conflito, encorajando-os a assumir a responsabilidade e o protagonismo na condução do processo e nas decisões que tomam.

Ao focar na transformação das relações, os acordos alcançados tendem a ser mais sustentáveis a longo prazo, pois as partes desenvolveram habilidades e entendimentos que podem prevenir futuros conflitos.

Segundo a visão de mundo relacional de Bush e Folger (2005), o conflito é uma oportunidade de transformação do relacionamento, por meio de uma abordagem construtiva. Essa linha enfatiza dois propósitos principais: (1) fortalecimento ou empoderamento das partes; e (2) o reconhecimento; em que o acordo não é objetivo primordial do processo de mediação, mas um possível resultado (Jonathan & Americano, 2021).

Portanto, para esta escola, a mediação é meio para a mudança da relação na medida em que visa aumentar a capacidade das partes de compreensão mútua, com o fortalecimento da autoconfiança e autodeterminação. O empoderamento promovido pela mediação permite com que cada envolvido no conflito adquira autonomia nas escolhas através da decisão informada, a partir do foco em seus pontos fortes.

O mediador viabiliza o empoderamento das partes envolvidas, na medida em que os estimula à participação ativa por meio de técnicas de interação, promovendo a comunicação e o entendimento mútuo, facilitando, assim, a empatia (Lagrasta, 2024, p. 135). Isso não apenas pode resultar em soluções mais criativas e personalizadas, como também tende a preservar e, às vezes, melhorar as relações, por meio de um processo de transformação da situação conflituosa.

Por sua vez, o reconhecimento envolve a capacidade de empatia, ou seja, um entendimento mais profundo acerca das perspectivas da outra parte, suas necessidades, preocupações e sentimentos.

Sob viés de preservação e fortalecimento das relações entre os participantes, configura-se, particularmente, em valioso instrumento dentro dos ambientes organizacionais diante da necessidade de continuidade e convivência saudável para a consecução de objetivos comuns a uma equipe e uma empresa (Fisher et al., 2018).

Trata-se, assim, de um meio de solução de conflitos que tem por escopo propiciar a cooperação entre os participantes, fomentando o trabalho conjunto para alcançar soluções mutuamente satisfatórias.

Neste sentido, a mediação proporciona refletir sobre o presente e o futuro da relação, a partir de um olhar compreensivo do passado, ampliando as percepções das partes com a escuta mútua dos diferentes pontos de vista, não tendo por objetivo a punição de erros e desacertos do passado. "Ou seja, se entende de onde se vem (o início de tudo) – aqui, portanto, único momento em que se reconhecem situações passadas –, a fim de se compreender a atual circunstância das partes, para, então pensar o futuro" (Mazzonetto & Permaln, 2019, p.264).

Assim, possibilita a transformação do conflito em oportunidade de renovação da forma como as partes se relacionam, por meio do diálogo acerca dos interesses e necessidades mútuas. Este método consensual oportuniza a melhoria da qualidade da relação a partir do diálogo e da "criação de espaços de reflexão e movimento de futuro" (Mazzonetto & Permaln, 2019, p.266).

É importante pontuar que a mediação não tem por objetivo o acordo, conforme explicita Braga Neto (2020, p.212):

> Convêm ressaltar que a mediação de conflitos não visa pura e simplesmente o acordo. Visa sim, antes, como dito anteriormente, construir soluções com base na satisfação dos interesses, expectativas, desejos e atendimento dos valores e necessidades das pessoas nele envolvidas. A mediação possui um terceiro independente e imparcial a intervir pelo diálogo cooperativo entre as pessoas para que elas alcancem a solução das controvérsias em que estão envolvidas. Neste método, busca-se propiciar momentos de criatividade para que os próprios envolvidos possam melhor refletir que opções desejam em face da relação existente, geradora da controvérsia. Por isso, eventual acordo poderá ocorrer caso as pessoas assim o desejem. A criatividade apontada significa dizer que, aos que dela participam,

deverão ser criativos ao oferecerem informações sobre suas realidades e ao mesmo tempo terem a possibilidade de imaginar a realidade do outro.

Com o transcorrer do processo de mediação, caso um acordo não seja alcançado, as partes poderão recorrer a outros métodos de resolução de disputas, no entanto, o diálogo poderá ter sido reconstruído.

Assim, este meio consensual, sob a perspectiva transformativa, tem ampla aplicabilidade no contexto organizacional, em que as relações interpessoais são constantes e dinâmicas, na medida em que oferece uma abordagem centrada nas pessoas, como meio para transformar as relações.

A adoção da mediação no âmbito interno das empresas pode viabilizar resultados em performance, incentivando a autonomia da vontade, e a inovação empresariais a partir da criação de uma cultura organizacional aberta ao diálogo e à colaboração de todos os que pertencem à corporação.

E. H. Schein, E. H. e P. Schein (2020) ressalta a importância do diálogo direcionado dentro da estrutura relacional das organizações, permitindo a diminuição das tensões por meio de conversas descontraídas. Os autores (E. H. Schein, E. H. e P. Schein, 2020, p.197) sustentam o seguinte:

Em vez de tentar resolver problemas rapidamente, o processo de diálogo tenta desacelerar a conversa para propiciar a reflexão sobre o que sai da boca de uma pessoa e o que ela ouve ao sair da boca dos outros. O segredo para iniciar esse tipo de conversa dialógica é criar um ambiente no qual os participantes se sintam seguros o bastante para suspender sua necessidade de ganhar a argumentação, esclarecer tudo o que dizem e desafiar uns aos outros toda vez que discordam de algo.

Assim, o facilitador do diálogo estimula os participantes por meio de perguntas, que devem ser respondidas, expressando discordâncias numa participação ativa (E. H. Schein, E. H. e P. Schein, 2020). Esse processo é próprio da mediação de conflitos, com foco na escola transformativa, em que se busca não o consenso, e sim o estímulo à transformação das relações com diálogo e colaboração.

A mediação atua como mecanismo para viabilizar os diálogos estruturados, prevenindo, gerenciando e mitigando conflitos improdutivos, e transformando positivamente as controvérsias inerentes ao ambiente organizacional. Neste mesmo sentido, Amy Edmondson (2020, p. 15) destaca:

> Para uma organização prosperar verdadeiramente em um mundo onde a inovação pode fazer diferença entre sucesso e fracasso, não é suficiente contratar pessoas inteligentes, motivadas. (...) Para que o trabalho intelectual floresça, o local onde se trabalha deve fazer as pessoas se sentirem capazes de compartilhar seu conhecimento. Isso significa compartilhar preocupações, questões, erros e ideias malformadas.

Como a mediação se funda nos princípios da voluntariedade, confidencialidade, colaboração, o resultado é a criação de um ambiente seguro de diálogos, em que pensamentos e sentimentos podem ser abordados com empatia. A mediação constrói pontes entre diversos pontos de vista, amplia a percepção sobre pontos que conectam, facilitado a discussão de opções com criatividade, algo inerente ao desempenho das equipes e à convivência numa cultura coletiva.

Assim, este método consensual de resolução de divergências pode ser aplicado, especificamente, ao público interno, identidades singulares, gestores, colaboradores, diretores, sócios, ou coletivas, como setores, diretorias, departamentos, equipes. Esse meio auxilia empresas a administrar, resolver ou mitigar controvérsias antes que evoluam para uma disputa formal.

Técnicas e métodos da Mediação Transformativa

Na escola de mediação transformativa, o mediador utiliza técnicas específicas que visam promover o empoderamento e o reconhecimento entre as partes. Essas técnicas ajudam a criar um ambiente onde os participantes (mediandos) podem se comunicar de maneira mais eficaz, entender melhor suas próprias necessidades e perspectivas, bem como as dos outros envolvidos no conflito.

No papel de empoderamento, utiliza as seguintes técnicas na condução da interação entre os participantes: (1) reflexão e parafraseamento; (2) perguntas abertas; (3) silêncio positivo; (4) foco nas forças e capacidades. Por sua vez, para facilitar o reconhecimento, o mediador utiliza outras ferramentas: (1) escuta ativa; (2) reflexão de sentimentos; (3) encorajamento de empatia; (4) recontextualização positiva.

A escuta ativa possibilita a observação atenta à linguagem verbal e não verbal dos participantes, colhendo informações relevantes para compreender o contexto, sem interrupções ou julgamentos. A partir desta escuta, pode intervir com perguntas, estimulando-os a participar ativamente do diálogo e expressar as questões objetivas e subjetivas, explorando pensamentos e sentimentos sobre o conflito.

Segundo pontua Tânia Almeida (2014), a escuta ativa se legitima na medida em que o mediador compreende adequadamente o que os mediandos querem expressar, abrangendo o que está sendo dito e a forma como está sendo dito.

Nesse processo, é fomentada a escuta mútua de sentimentos, necessidades e interesses, na busca de uma cooperação por compreensão recíproca. Para este fim, utiliza-se a técnica denominada "visitar o lugar do outro", para compreensão mais profunda da forma de pensar do outro, suas motivações, sentimentos, preocupações, valores. Como resultado, o mediador fomenta a empatia entre os participantes (Almeida, 2014).

O Rapport é uma palavra de origem francesa que designa sintonia na comunicação do mediador com os mediandos, baseada na empatia e atenção plena. Configura-se numa técnica de comunicação cuja finalidade é criar a confiança entre os interlocutores, facilitando um ambiente de diálogos abertos e construtivos, a fim de influenciar no caminho do diálogo.

O mediador conduz os envolvidos de forma ativa e acolhedora, para que expressem numa linguagem verbal e não verbal a escuta inclusiva do outro (Almeida, 2014).

A técnica do parafraseamento se configura em enfatizar palavras, expressões ou frases, mantendo o significado original dado pelo interlocutor. Assim, permite com que o mediador reflita e reformule frases ditas pelas partes a fim de sintetizá-las de forma mais clara, sem alterar seu conteúdo. O mediador se esforça em garantir que haja entendimento do real significado das questões trazidas pelas próprias partes.

Tânia Almeida (2014) destaca ainda que:

> A Mediação utiliza uma série de intervenções que se destinam a marcar na memória as palavras ditas: por vezes, já positivamente ressignificadas, como almeja o resumo com conotação positiva; por vezes, para que ressoem e provoquem nos sujeitos a escuta de suas próprias narrativas e consequente reflexão, como almejam as paráfrases.

As perguntas se configuram na principal técnica de condução do mediador, que deverá intervir para gerar transformação na relação por meio da reflexão e ampliação de percepção acerca do contexto. Além da finalidade de provocar a o processo reflexivo, os mediadores podem utilizar as perguntas para sugerir ideias a partir da escuta ativa (Almeida, 2014).

As perguntas abertas são promovidas pelo mediador de forma a encorajar os mediando a ampliarem a percepção recíproca acerca do conflito, aumentando a autoconsciência, a empatia e melhorando a capacidade de tomada de decisão. No Modelo Transformativo, as perguntas buscam facilitar a identificação e reconhecimento de questões subjetivas, como preocupações, sentimentos, interesses, necessidades e dos valores (Almeida, 2014).

Conforme explicita Tânia Almeida (2014):

> Como a posição adversarial não contribui positivamente para que a atitude empática seja efetiva, mediadores podem, em lugar de convidar os mediandos a se visualizarem na situação que está sendo vivenciada pelo outro, o que pode provocar desinteresse, sugerir que cada mediando possa se imaginar em semelhante contexto fático, no futuro, transportando para o porvir a situação atual, ou, até mesmo, imaginando-se em situação de diferente natureza, mas que guarde características comuns.

O manejo adequado das técnicas propicia um ambiente de diálogos seguros e empáticos, em que cada parte pode perceber melhor o ponto de vista do outro, construindo uma mudança qualitativa no relacionamento. O silêncio, usado de forma estratégica, abre espaço de introspecção e reflexão para as partes na medida em que permite que tenham tempo para pensar sobre tudo o que foi dito, com autoconfiança.

No encorajamento de empatia, o facilitador promove o diálogo construtivo, e conduz as partes a considerarem, apoiarem e validarem a percepção do outro, com compreensão mútua. Nesse sentido, Tânia Almeida reforça que o mediador deve auxiliar os envolvidos a pensar em soluções de benefício mútuo, com o atendimento das necessidades recíprocas (Almeida, 2014).

Por sua vez, o brainstorming já é ferramenta comum no ambiente corporativo, em que há o incentivo da criatividade pelos participantes na busca por soluções mais adequadas e eficazes ao caso concreto. O incentivo à participação de todos promove pertencimento e empoderamento na tomada de decisão e na assunção das responsabilidades inerentes aos papeis de cada envolvido.

Outros mecanismos consensuais podem ser implementados para adequar ao contexto de cada empresa.

Analisada a mediação na perspectiva da Escola Transformativa, verifica-se que o método propicia um ambiente favorável a contemplar várias opções de solução da controvérsia, estimulando a criatividade dos participantes, algo essencial na dinâmica organizacional. O mediador não irá aconselhar, e sim, conduzir, com suas técnicas e diálogos, reflexões e raciocínios que lhes permitam ampliar a percepção da situação conflituosa. Dessa forma, é possível compreender o contexto e alcançar uma decisão mais consciente e mutuamente satisfatória, criada de forma singular pelos próprios envolvidos.

Tendo em vista suas características e benefícios, considera-se a mediação um instrumento de pacificação, tanto das partes quanto social, transformando as relações por meio de intervenções positivas e adequadas às singularidades da relação (Lagrasta, 2024). Por isso, pode-se afirmar que a mediação transcende a um acordo, pois, durante o processo dialógico, muitas questões subjetivas podem ser adequadamente tratadas sem, necessariamente, obter um resultado concretizado pelo acordo. Inclusive, a mediação não possui como finalidade a solução por acordo, sendo considerado um processo de transformação da oposição em colaboração.

Diante de suas qualidades intrínsecas, princípios e flexibilidade procedimental, a mediação de configura no principal método abrangido pelas estratégias de prevenção e gestão de conflitos corporativos. Neste sentido, Almeida e Silva (2021, p.401) destacam as vocações da mediação em âmbito empresarial:

> Por que esse instrumento abarca espectro tão amplo de atuação? A resposta é natural: porque está pautado no diálogo (buscando entendimento), na autonomia da vontade (propiciando sua eleição e a autoria das soluções), na construção do consenso (viabilizando a harmonização de diferenças), nas soluções customizadas e de benefício mútuo (respeitando o modelo de negócio e visando o

atendimento das necessidades de todos), no olhar para o futuro e para a continuidade dos relacionamentos, e na efetividade, exequibilidade e sustentabilidade dos acordos.

Sem dúvida, é o método consensual que possui procedimento e técnicas que melhor estruturam a interação equilibrada e cooperativa por meio de discussões com o escopo de solucionar as controvérsias nas relações que perduram no tempo. Por se tratar de um procedimento com flexibilidade, pode ser adaptado às necessidades do contexto, observados, as bases principiológicas do método de mediação, para não desconfigurar o processo.

Seguindo nesta perspectiva, Braga Neto afirma que (2020, p.247):

> Atento às origens e preocupado com a sociedade pós-moderna, o movimento mundial de difusão da mediação de conflitos propõe caminhar em contextos os mais diversos e inusitados possíveis, nos quais se reconhecem diferenças e o convívio é marcado pelo respeito mútuo e a cooperação entre todos de maneira natural. Com isso, se proporcionam espaços mais dialógicos, permitindo o convívio das diferenças entre as pessoas e as organizações. Os princípios, norteadores, características e demais elementos da mediação, como dito anteriormente, empreendem novos paradigmas em prol de uma realidade mais autêntica entre as pessoas sejam físicas ou jurídicas. Com base nessa premissa, a Organização das Nações Unidas, por intermédio de sua Assembleia Geral da Organização das Nações Unidas – ONU, aprovou a Resolução n o 40/34, já em 29 de novembro de 1985, identificando a mediação de conflitos como método eficaz de resolução de conflitos.

Portanto, outra razão pela qual se configura no principal meio de resolução de disputas, é sua finalidade de propor mudanças positivas nas relações, a partir da visão da mediação transformativa, modificando a percepção das controvérsias em oportunidades de soluções. Os diálogos são articulados pelo mediador de forma a promover maior protagonismo e autonomia da vontade, com a adoção de decisões mais conscientes de riscos e impactos possíveis.

A mediação se destaca como um método eficaz para abordar conflitos no ambiente organizacional, promovendo a reconstrução de relações e o fortalecimento de uma cultura de diálogo. Sua perspectiva transformativa, ao incentivar a escuta ativa e o empoderamento, demonstra ser um caminho valioso para a prevenção de disputas e a criação de soluções duradouras. No próximo capítulo, aprofunda-se a discussão ao explorar a mediação inserida em sistemas de solução de disputas.

SISTEMAS DE GESTÃO DE CONFLITOS

A crescente complexidade das organizações e a diversidade de relações internas exigem uma abordagem sistêmica para a gestão de conflitos. nesse contexto, o Dispute System Design (DSD) surge como uma metodologia estruturada para diagnosticar, mapear e tratar disputas de maneira customizada, considerando as especificidades culturais e organizacionais de cada empresa.

Este capítulo apresenta os fundamento do DSD, detalhando suas etapas de estruturação e os benefícios de sua aplicação. São discutidas as características principais dessa abordagem, como a flexibilidade procedimental e a adaptação aos valores organizacionais, além de sua correlação com a promoção da segurança psicológica e a melhoria do clima organizacional.

Nesta proposta de analisar estratégias para empresas adotarem internamente métodos consensuais de solução de conflitos, ganham destaque os sistemas estruturados para a administração de controvérsias no âmbito privado das empresas. Esta estratégia organizacional de sistematizar o processo de resolução de conflitos tem mostrado importantes benefícios na abordagem preventiva de litígios judiciais.

Ainda há uma tendência social maior em adotar formas convencionais de gerir projetos e contratos, ao recorrer à Justiça para a resolução de problemas judiciais ou litígios ao longo de suas execuções. No entanto, experiências empresariais com a sistematização da mediação no ambiente corporativo têm trazido resultados eficazes em termos de celeridade, protagonismo, economia e menor desgaste emocional.

T. Almeida e G. M. Almeida (2021, p.404) pontuam a ampla e diversificada tendência de uso da mediação no campo empresarial:

No âmbito dos departamentos jurídicos das empresas, a prática da resolução precoce de disputas (Planned Early Dispute Resolution – PEDR) é crescente e convida advogados a identificarem procedimentos efetivos para a solução de controvérsias, de forma a reduzir os riscos de litígio, poupando tempo e dinheiro para as corporações e gerando maior satisfação para seus clientes externos.

Seguindo esse raciocínio, a utilização dos meios consensuais não se restringe à simples adesão aos métodos na existência de conflitos e disputas. Empresas têm inovado ao estruturar internamente os mecanismos adequados de solução de conflitos e outras estratégias no cotidiano dos seus negócios, de forma a construir uma cultura empresarial com natureza preventiva, e não apenas resolutiva (Pereira, 2016, p. 50).

Uma cultura organizacional com foco na prevenção de conflitos proporciona melhores meios de diálogos entre stakeholders, fomentando um olhar humanizado às relações no ambiente de trabalho. A prevenção possibilita o enfrentamento construtivo de potenciais questões conflitivas, que pode ser estruturada dentro de um sistema de gestão de conflitos.

Verifica-se a pertinência da concepção do Sistema Multiportas para a resolução de disputas fora do âmbito judicial, com o avanço da regulamentação de conceitos e práticas dos meios adequados de solução de conflitos. A regulamentação traz as balizas e os princípios norteadores para o uso dos mecanismos consensuais, estendendo-se aos ambientes das organizações e empresas, que podem ter uma maior autonomia na escolha dos procedimentos de solução, que não seja apenas a judicialização.

DSD – DISPUTE SYSTEM DESIGN

Ante um arcabouço teórico de aplicação dos princípios da mediação e, com vistas à prevenção e gestão de conflitos nas empresas, a pesquisa pretende aprofundar uma análise acerca da possibilidade de criação de um sistema interno adequado a lidar de forma consensual com conflitos organizacionais.

Verificou-se na literatura internacional, em publicação da Havard Negotiation Law Review, a referência à nomenclatura "conflict manegement systems design" ("CMSD"), que enfatiza a gestão de conflitos nas empresas, de forma a abranger a prevenção e a resolução dos conflitos organizacionais. Neste ponto, Cathy A. Constantino (2009) utiliza o termo CMSD para designar a mesma intencionalidade de estruturação do DSD – "dispute system design", como um sistema de gestão de conflitos organizacionais.

Pereira (2016) descreve os Sistemas de Manejo de Conflitos, designados pela sigla SMC, oriundos também da literatura estrangeira: "Conflict Management System – CMS". Segundo a autora, esses sistemas combinam práticas e processos relacionados à gestão de conflitos, planejando a forma de dispor de variados meios consensuais, como a Negociação, Mediação, "Ombudsman", "Conflict Coaching", e outros (Pereira, 2016, p.60).

Nesse tipo de sistematização, o Institute on Conflict Resolution (2001, p. 9), citado pela autora (Pereira), alerta que é fundamental que a empresa atenda a alguns requisitos estruturais: (i) disponibilização de opções em prevenção e resolução de controvérsias a todo o público interno; (ii) fomento de uma cultura de cooperação e resolução de disputas precocemente; (iii) viabilização de amplo acesso ao tratamento das controvérsias com opções de caminhos diversos; (iv) estruturação interna de gestão dos conflitos.

Por sua vez, o DSD se configura a partir da composição de dois elementos essenciais: (i) um conjunto coordenado de processos ou mecanismos que interagem entre si para prevenir, gerenciar e resolver disputas; (ii) um design, descrito como uma decisão deliberada para a gestão de recursos, processos e capacidades para atingir o objetivo (Constantino, 2008)[18].

---

18   Tradução livre. Texto original. DSD has two components: a system, which is a coordinated set of processes or mechanisms that interact with each other to prevent, manage, and/or resolve disputes, and a design, which is a deliberate and intentional

A prevenção envolve mecanismos que possibilitam a detecção precoce de conflitos, antes que haja escalonamento para disputas, por meio do mapeamento e avaliação constante do contexto para definição das estratégias mais adequadas. O sistema pode ser estruturado levando em consideração o porte e as necessidades da organização, de tal maneira a se adaptar ao modelo de negócio, seus valores e estratégias (Pereira).

O termo "Desenho de Sistema de Disputas" é um conceito trazido na década de 90, pela primeira vez, por William Ury, Jeanne Brett e Steven Goldberg. Nos Estados Unidos, os sistemas de gestão de conflitos organizacionais surgiram a partir da disseminação dos meios "alternativos" de solução de disputas com os princípios do desenvolvimento organizacional (Faleck, 2018).

De acordo com os professores Frank E. A. Sander e Robert C. Bordone, do Programa de Negociação da Havard Law School (PON – Program on Negotiation), as organizações podem estruturar um sistema integrado para gestão de conflitos empresariais denominado de Dispute System Desing (DSD). Segundo o programa, "o DSD é um processo de diagnóstico, projeto, implementação e avaliação de um método eficaz para gerenciamento de conflitos de negócios" (Shonk, 2024)[19].

No Brasil, destaca-se a pesquisa de Faleck sobre o Dispute System Design ou, segundo tradução do autor, "Design de Sistema de Disputas", que se configura em uma metodologia customizada de desenvolvimento de sistemas de resolução de conflitos, que tem por escopo abranger um conjunto de métodos e procedimentos adequados para tratar diferentes tipos de controvérsias.

Faleck cita o trabalho de Howard Gadlin sobre "Integrated Conflict Manegement System – ICMS", "sistemas integrados de gerenciamento de

---

harnessing of resources, processes, and capabilities to achieve a set of specified objectives.

19   Tradução livre. Texto original: DSD is the process of diagnosing, designing, implementing, and evaluating an effective method for business conflict management.

conflitos" (Faleck, 2017). Segundo Gadlin (2005), os sistemas organizacionais ou institucionais privados e internos são projetados para identificação precoce dos conflitos, prevenção, administração e resolução.

Designa-se, assim, DSD como o processo de criar ou projetar sob medida um sistema deliberado de procedimentos de diagnóstico e manejo adequado de conflitos, com o objetivo de prevenir, gerenciar e revolver disputas, sendo relevante para empresas e instituições em geral (Shonk, 2024).

Em outras palavras, corresponde à estruturação de "arranjos ou desenhos procedimentais" que sequencia mecanismos processuais de resolução de controvérsias, dotados de características adequadas ao modelo de negócio para o qual foi estruturado (Faleck, 2018, p.196).

No contexto empresarial, prioriza-se alguns aspectos dos métodos consensuais: a voluntariedade, a confidencialidade e a flexibilidade, o que vai ao encontro das necessidades corporativas, na medida em que as empresas podem dispor de diferentes caminhos voltados à solução de demandas no âmbito interno, com "amplo ambiente de livre escolha de opções de que as partes dispõem no 'mercado' para definir os meios pelos quais tratarão os seus conflitos" (Faleck, 2017, p.36).

Neste desenho do sistema, a customização se caracteriza na priorização da autonomia da vontade, levando em consideração que, quanto maior a voluntariedade, maior a possibilidade de criação de soluções mais satisfatórias, eficazes e assertivas diante do caso concreto, englobando aspectos subjetivos complexos das singularidades envolvidas. Portanto, é essencial levar em consideração, ao ser estruturado o sistema, meios que fomentem espaços de diálogos.

Quanto ao protagonismo, o desenho de sistema de disputas viabiliza um maior direcionamento e controle do procedimento de solução pela instituição, sendo preferível elencar os métodos consensuais. Segundo Faleck (2020, p.110), o "desenho de um sistema almeja o controle do processo de resolução de disputas pelas próprias partes no mais alto grau":

[...] deixando procedimentos adjudicantes, em que as partes se submetem à decisão vinculante de terceiros, apenas para o caso de eles serem necessários e cabíveis, pois implicam a perda do controle da decisão pelas partes, em favor dos árbitros ou juízes, gerando maior custo e risco de insatisfação. (Faleck, 2020, p.110)

Faleck (2021, p.35) descreve a evolução deste conceito jurídico para outras esferas, em que "a criatividade entra em cena como a força motriz para que o processualista seja capaz de desenhar arranjos inovadores e adequados." O fundamental para estruturar os sistemas é compreender a lógica da empresa, a partir da forma como há a organização dos recursos humanos e materiais, seus processos e procedimentos para gerir, prevenir e resolver controvérsias (Faleck, 2018).

Por sua vez, em relação à flexibilidade, o sistema é projetado para compor mecanismos e técnicas voltados à prevenção, gerenciamento e resolução de disputas, com menor custo, adaptável ao porte e estrutura da empresa, para gerar eficácia na preservação e transformação de relacionamentos. Assim, o desenvolvimento do sistema leva em consideração as especificidades de cada instituição, suas necessidades, custos, tempo, estrutura, garantindo uma maior eficiência dos métodos ao caso concreto (Faleck, 2018).

Essa abordagem desenha uma estrutura para a seleção do método mais adequado a resolver a disputa, prestigiando as necessidades e interesses dos envolvidos, dentro do sistema de gestão organizacional. O DSD tem como finalidade garantir a autonomia de vontade e o protagonismo nas tomadas de decisão, ganhando expressão a mediação como método principal dentro do sistema, diante de características e bases principiológicas deste método não adversarial.

O desenho do sistema que viabilize a mediação, deve observar os princípios do método de forma a validar as escolhas da organização e dos envolvidos, delineando o procedimento a ser adotado. Essas balizas garantem uma maior segurança e influenciam positivamente na percepção de confiança no processo, fundamental em todo método de resolução de conflitos.

Neste sentido, Bianca Farias e Daniel Brantes Ferreira (2022) destacam a importância do estabelecimento de confiança na estruturação de sistemas de negociação eletrônica, na concepção ampla da palavra, ou seja, abrangendo a confiança entre os envolvidos, em relação à neutralidade do facilitador e na tecnologia utilizada para gerir os conflitos. Destacam os autores:

> Confiança pode ser entendida como o estado psicológico que fornece uma representação de como os indivíduos compreendem sua relação com o outro em situações que envolvem risco e vulnerabilidade. Portanto, a confiança incorpora as experiências acumuladas bem como o conhecimento sobre a outra parte em situações que envolvem fragilidade. (Farias & Ferreira, 2022)

A confiança é elemento importante para as relações interdependentes e que cooperam entre si, de forma que, se não houver confiança, não há livre manifestação de vontade dos envolvidos na expressão de suas necessidades e interesses. O método consensual deve propiciar, assim, um ambiente seguro para que as partes desenvolvam confiança na relação e no processo de diálogo, e, assim, colaborem entre si na construção de uma solução mutuamente benéfica.

Assim, é possível estruturar sistematicamente a gestão de conflitos no ambiente organizacional, observados os princípios norteadores da mediação, estabelecendo estratégias diversificadas de prevenção e resolução de controvérsias, na busca de um objetivo comum: "celeridade, menor custo financeiro e emocional e resultados mais eficazes" (Almeida & Silva, 2021, p.398).

O DSD pode se configurar em um projeto estruturado para tomada de decisão consciente acerca do melhor caminho à resolução de cada disputa que uma organização vivencia no cotidiano. A questão é compreender como as empresas podem criar sistemas internos para a solução de conflitos organizacionais, a partir da adaptação do sistema multiportas e do DSD, mapeando, prevenindo e gerindo as disputas em âmbito interno, com mecanismos consensuais.

Nesta abordagem, as políticas e práticas organizacionais são concebidas para apoiar um clima de ambiente de trabalho aberto e "saudável" em que há promoção da diversidade e a administração dos conflitos.

ETAPAS NA ESTRUTURAÇÃO DO DESENHO DE SISTEMA DE DISPUTA

Para estruturar o sistema, é preciso considerar etapas fundamentais voltadas a compreender o contexto e as pessoas envolvidas, coordenar os mecanismos adequados numa sequência lógica, com o objetivo de prevenir e tratar os conflitos.

Segundo o Programa de Negociação da Harvard Law School, são quatro os passos recomendados por Sander e Bordone (Shonk, 2024): (i) diagnóstico acerca dos sintomas da disputa; (ii) aplicar os princípios do DSD; (iii) implementação do sistema; (iv) avaliação do sistema.

Importante dar um destaque ao que os autores delineiam como princípios do DSD. O sistema deve:

> Lidere sua organização no processo de construção de um sistema que incentive os funcionários a buscarem ajuda na resolução de conflitos comerciais antes que as disputas escalonem. É preciso se certificar que o sistema comece com abordagens de conflito de baixo custo e baseadas em interesses, como discussões internas e mediação interna, antes de passar para medidas mais extremas, como arbitragem ou litígio. Estabeleça proteções que garantam que os funcionários que usam o sistema DSD não enfrentem retaliação por fornecerem feedback sobre o comportamento de outros funcionários, incluindo

seus chefes. Além disso, garantir que a gestão apoia o sistema DSD, financiando programas de formação em negociação baseada em interesses, e contratando mediadores e facilitadores externos e imparciais que possam intervir para se envolver na resolução de conflitos empresariais quando necessário. (Shonk, 2024)[20]

Portanto, o sistema deve estimular a autogestão de conflitos, ou seja, que os próprios envolvidos implementem atitudes voltadas a resolver a controvérsia; e tenha formas e caminhos de buscar ajuda caso não resolvido e antes que escalone. Outro requisito dos sistemas é a adoção de métodos de baixo custo, como os diálogos coordenados e a mediação interna, como estratégias prévias à adjudicação. Os autores também apontam como princípios do DSD o uso de feedback sem retaliação, e o apoio e financiamento da administração, garantindo confiança ao processo, como por exemplo: a manutenção de programas de desenvolvimento nas habilidades de negociação, contratação de facilitadores ou mediadores externos que atendam os requisitos de imparcialidade.

Gaick, ao citar Torres (2012), destaca elementos fundamentais às estratégias de resolução de conflitos nas empresas: "a eficácia e aprendizagem organizacional, as necessidades dos stakeholders e o comportamento ético por parte do gestor" (2015, p. 56). O conflito se torna motor de transformações

---

20   Tradução livre. Texto original: Lead your organization through the process of building a system that encourages employees to seek help with business conflict resolution before their disputes escalate. Be sure that the system begins with low-cost, interest-based approaches to conflict, such as internal discussions and internal mediation, before moving on to more extreme measures, such as arbitration or litigation. Set up safeguards that ensure that employees who use your DSD system won't face retaliation for providing feedback on the behavior of other employees, including their bosses. In addition, ensure that management supports the DSD system by funding training programs in interest-based negotiation and hiring external, impartial mediators and facilitators who can step in to engage in business conflict resolution when needed.

quando a organização incorpora a mentalidade de aprendizado, impulsionando a criatividade e a inovação nas soluções aos problemas cotidianos.

O processo organizado de diagnóstico e intervenção proporciona maior assertividade, principalmente ao levar em consideração as necessidades das pessoas e dos grupos de interesses que interagem com a empresa (Gaick).

Neste sentido, Faleck (2018) elenca cinco etapas principais na estruturação dos sistemas de gestão de conflitos, de forma a garantir a construção de um projeto com parâmetros e balizas confiáveis, assegurando um ambiente seguro para diálogos. Faleck (2018, p. 20) descreve o "passo a passo" do DSD, elencando os seguintes componentes: "(i) iniciativa; (ii) diagnóstico da situação conflituosa; (iii) definições acerca de objetivos e variáveis intrínsecas do sistema; (iv) construção do sistema; (v) implementação e avaliação".

Para a sistematização, é crucial destacar que o mapeamento do ambiente organizacional é o alicerce sobre o qual os demais passos se apoiam. Esta etapa inicial é fundamental, pois fornece a compreensão detalhada sobre cultura organizacional, stakeholders e tipos de conflitos, para informar todas as fases subsequentes do desenho de sistema de disputas.

A análise da cultura organizacional leva em consideração a avaliação do modelo de gestão, dos valores institucionais, documentos e regulamentos, além dos padrões que envolvem as crenças e comportamentos predominantes na empresa.

No mapeamento dos stakeholders, verifica-se quem são os interessados e envolvidos na disputa, na compreensão dos interesses e posições de cada uma (Faleck, 2018). São identificados o número de stakeholders internos envolvidos, os seus anseios e preocupações, vontades e desejos, oportunidades, recursos e capacidades, além de informações relevantes como a natureza e dinâmica da relação, as posições assumidas (Faleck, 2020).

Ao identificar e compreender os interesses, as alternativas, recursos e dinâmicas das partes envolvidas, podemos assegurar que o diagnóstico da eficiência dos sistemas vigentes e o desenvolvimento de um sistema customizado estejam alinhados com as necessidades reais dos stakeholders.

A vantagem do levantamento das partes é uma maior assertividade do desenho de um sistema, adaptando-se à realidade dos envolvidos a ponto de gerar maior satisfação, aumento da efetividade, engajamento das partes na busca de soluções e comprometimento, caso o procedimento resulte em acordos. Dessa forma, o mapeamento não apenas orienta a definição de objetivos e princípios institucionais, como também garante que o sistema desenvolvido seja eficaz e sustentável, facilitando uma implementação e avaliação constante dos procedimentos.

Outro aspecto essencial no mapeamento, é a tipologia dos conflitos, interesses, das peculiaridades das relações, posições e contexto, podendo ser considerados outros fatores relevantes na resolução dos casos. Segundo o autor:

> Empresas podem desenvolver sistemas de tratamento interno de suas disputas, com vistas à avaliação cautelosa e sistemática das variáveis envolvidas em cada caso, como interesses e objetivos das partes, questões de relacionamento, custos, riscos, opções e alternativas, tanto no que toca ao processo quanto à substância, critérios objetivos aplicáveis, quantificação de propostas aceitáveis, bem como a canalização dos casos para os mecanismos adequados e treinamento de equipes de negociação e resolução de disputas. (Faleck, 2017, p.18)

Neste mesmo sentido, Lederach (2012) destaca que o diagnóstico deve abranger o mapeamento dos vários tipos e escalas de conflitos, de forma a verificar as disputas latentes, que requerem intervenções imediatas, e outras situações que requerem medidas de prevenção aos conflitos, por meio de processos de mudança.

É muito comum, no ambiente organizacional os conflitos permanecerem latentes, ou seja, sem oportunidade de expressão, o que implica em deterioração das relações organizacionais. "Isto quer dizer que, as pessoas, divididas por ressentimentos, discriminações, antagonismo e tratamento formal, reagem com lamúrias, atritos, diferenças, negativismo, passividade ou agressividade" (Gaick, 2015, p. 48). As empresas devem identificar os sintomas nas relações, e a verificação dos fatores que causam os diversos tipos de disputas no ambiente organizacional (POM).

Portanto, é objeto de investigação os principais tipos de conflitos, suas causas e impactos no ambiente de trabalho, inclusive assédio moral, assédio sexual, discriminação, ofensas e agressões etc. A identificação dos tipos de disputas permite compreender a origem e as causas, as características quanto às dimensões emocionais, técnicas e jurídicas, para o direcionamento adequado das intervenções de diálogo.

Outra etapa do diagnóstico abrange o levantamento dos dados documentais, para proceder a análise de toda a documentação interna, como regulamentos, normas de conduta, diretrizes e orientações, registros de queixas, relatórios de RH, atas de reunião, a depender da especificidade de cada modelo de gestão. O mapeamento pode ser complementado por meio de questionários, pesquisas de satisfação, de desempenho, com verificação dos canais de denúncia e de comunicação interna (como e-mails, grupos de WhatsApp e outros).

Neste ponto, o diagnóstico está analisando a cultura organizacional, que se configura na parte mais profunda da estrutura da organização, geralmente intangível e inconsciente (E. H. Schein, E. H. e P. Schein, 2020). É fundamental o olhar para essas questões invisíveis, pois elas dão sustentação ao processo de tomada de decisão do grupo, as crenças e aprendizados compartilhados, e os comportamentos adotados.

Na abordagem transformativa, Lederach (2012) reconhece a importância de mapear os conflitos sob a perspectiva de presente e passado, e não apenas as questões imediatas, de forma a oferecer reflexões e orientações para a mudança de direção nos relacionamentos. Segundo o autor:

> O padrão de "como as coisas têm sido" oferece o contexto que faz emergir as questões de disputas imediatas. Os problemas imediatos criam a oportunidade de lembrar e reconhecer o passado, mas não

têm, em si, o poder de modificar positivamente o que já aconteceu. O potencial para mudanças construtivas repousa em nossa habilidade de reconhecer, compreender e retificar o acontecido. A mudança construtiva requer uma vontade de criar novos modos de interação e de construir relacionamentos e estruturas que contemplem o futuro. (Lederach, 2012, pp.50-51)

A abordagem de Lederach traz a perspectiva de um processo de mudanças mais sustentáveis ao ambiente organizacional, na medida em que oferece a possibilidade de percepção mais ampla para as relações interpessoais e a cultura, com aprendizado contínuo e transformação das relações.

O mapeamento também envolve uma segunda etapa, que corresponde à análise jurídica e avaliação de riscos, custos e recursos materiais e humanos. A verificação da legislação pertinente ao caso e a legitimidade se torna importante para definir os critérios objetivos e as balizas do sistema de resolução das disputas (Faleck, 2018).

A partir deste diagnóstico, a gestão pode projetar ritos e procedimentos adequados a tratar eficazmente os conflitos existentes na organização, de forma a resolver conflitos concretos, além de construir uma cultura de prevenção de atitudes de riscos, viabilizando soluções que melhorem processos internos. Segundo Lederach (2012, p.61):

Do ponto de vista transformativo, desenvolver um processo a fim de encontrar soluções para esses problemas e conflitos imediatos é importante, mas não fundamental. A longo prazo é mais importante gerar processos que: 1) ofereçam respostas adaptativas à repetição imediata e futura dos episódios de conflito e 2) abordem os padrões sistêmicos e relacionais de longo prazo mais profundos que produzem a expressão violenta e destrutiva dos conflitos.

É preciso definir o propósito do procedimento e valores que irão guiar a estruturação do sistema conforme o contexto, observando os interesses das partes afetadas (Faleck, 2018). Nesta etapa, é essencial clarificar os objetivos do sistema de resolução de disputas, sua missão e princípios norteadores.

Neste aspecto, o presente trabalho enfatiza o estabelecimento dos princípios da mediação e as técnicas e bases norteadoras da Escola Transformativa. Destaca-se assim, os princípios da voluntariedade, flexibilidade, confidencialidade, imparcialidade do mediador e foco na transformação das relações, analisados no quarto capítulo.

A etapa subsequente é o próprio desenvolvimento do sistema de resolução de disputas. A construção de um sistema de manejo adequado dos conflitos abrange a definição dos procedimentos e seu sequenciamento. Primeiramente, há a eleição de quais métodos serão adotados para a resolução das disputas, que pode incluir uma diversidade de meios a serem selecionados conforme a necessidade e o modelo de negócio.

O processo de seleção do mecanismo adequado ao caso e o sequenciamento com combinação de outros métodos é essencial e leva em consideração o diagnóstico do perfil dos atores envolvidos, como, por exemplo, no presente trabalho, a empresa e sua cultura, valores, objetivos e aporte.

O desenvolvimento do sistema adapta-se à estrutura organizacional, sua capacidade econômica e de recursos humanos, o que é verificado também no diagnóstico (Lederach, 2018). A depender da estrutura, pode ser designado desde um mediador externo ou interno, um gestor responsável, colaboradores facilitadores, ombudsman ou um comitê específico para o gerenciamento do sistema.

Faleck (2018) elenca algumas habilidades necessárias do "designer" do sistema: a escuta ativa, com o propósito de compreender o contexto e as relações; organização de agenda com planejamento de reuniões; criatividade; e competência para a facilitação do diálogo.

O requisito de maior importância no exercício do diálogo ou da mediação dentro da empresa é a neutralidade do facilitador, de forma a gerar confiança no processo consensual e na livre manifestação de vontade dos envolvidos. O facilitador deve ter independência para dar legitimidade à sua atuação, o que abrange a compreensão dos limites de sua intervenção a depender do relacionamento prévio com o público envolvido na situação conflitiva.

A literatura vem retratando diversas experiências de intervenção no ambiente empresarial, como as seguintes estratégias quanto à figura do facilitador ou gestor de conflitos:

> Algumas empresas trabalham com um gestor de conflitos interno, treinado para este fim, chamado de facilitador. Quando se trata de um conflito mais complexo, o próprio gestor de conflitos, o departamento de recursos humanos ou o departamento jurídico sugere uma mediação com a participação de um mediador externo. (BAYER, 2021, pp. 446 e 447)

O líder de uma equipe ou empresa pode atuar como gestor mediador, de forma a abordar as controvérsias entre membros da equipe, facilitando o diálogo com o incentivo à superação das divergências e colaboração, quando possíveis a imparcialidade e neutralidade. Neste papel, por meio de reuniões periódicas, deve mapear constantemente situações de riscos interpessoais, a partir de uma postura de escuta ativa, e intervir preventivamente, sem tomar partido de um dos integrantes em detrimento do outro.

Caso não haja imparcialidade por parte do líder, os membros não sentem confiança na intervenção realizada pelo gestor mediador e é preciso aderir a outro nível de resolução das disputas, garantindo que haja neutralidade do facilitador.

Uma publicação do Instituto Brasileiro de Governança Corporativa – IBGC, aborda o case de uma empresa sediada na Califórnia, a Morning Star, em que não há estrutura hierárquica. Segundo a pesquisa, em referida empresa, há o estímulo para que os conflitos sejam resolvidos entre os próprios envolvidos; somente se não resolvidos, segue-se para a etapa seguinte, em que um mediador interno irá facilitar o diálogo. Caso infrutífera a intervenção, a situação será levada a um comitê interno, sendo o último recurso o fundador, CEO e líder da instituição (IBGC, 2020, p. 16).

Assim, a mediação, como método consensual, pode ser adotada em várias etapas e por diferentes instâncias dentro da empresa, em conformidade com a estrutura e o modelo de negócio. Somente se não for possível dissolvê-lo, parte-se para seu encaminhamento para outros métodos, o que pode estar abrangido como opção caso for frustrada a tentativa de solução (Faleck, 2018, p. 71).

Caso haja estrutura organizacional para a criação de um comitê, ele pode ser composto por membros dos Recursos Humanos, compliance ou gestores que representam os diversos setores da empresa, ou uma equipe multidisciplinar que inclua representantes dos recursos humanos, compliance, jurídico e de diferentes setores da empresa.

Um comitê de gestão de conflitos abrange uma estrutura organizacional destinada a monitorar e coordenar a solução das disputas dentro de uma organização. Suas funções variam conforme a necessidade e complexidade da organização, os tipos de conflitos a serem geridos e as características dos stakeholders envolvidos.

Outra via de solução é optar por um ombudsman, que se configura em um profissional neutro de resolução de disputas que usa uma variedade de técnicas baseadas em interesses, para 1) facilitar a resolução de problemas individuais e 2) chamar a atenção da organização para preocupações do sistema (Deyo e Jessar, 2015, p. 1)[21]. A sua finalidade é atuar dentro da organização para intervir em reclamações de forma independente, confidencial e imparcial. O

---

21   Tradução livre. Texto original: The term "Ombudsman" refers to a designated, neutral dispute resolution practitioner who uses a variety of interest-based techniques to 1) facilitate the resolution of individual problems, and 2) bring systemic concerns to the attention of the organization.

processo é voluntário, privado e não vinculativo (IFC, 2011a, p. 75)[22], e segue base diretiva que elenca a neutralidade, informalidade, confidencialidade e independência como padrões de boas práticas[23].

A intervenção do ombudsman dentro dos ambientes corporativos pode ser crucial para mitigar conflitos e propiciar uma cultura organizacional mais justa e segura. Seu papel é receber queixas, preocupações e perguntas dos stakeholders, com o objetivo de resolver essas questões, ao identificar problemas sistêmicos dentro da organização, realizar recomendações quando apropriado para prevenir futuros conflitos (GAO, 2001).

A pesquisa de Evelyn Addison-Laurie (2017) sugere que a presença de um ombudsman no ambiente corporativo oferece uma via essencial para a resolução de disputas, o que propicia a redução de custos e promove um clima organizacional mais saudável, pois oferece um canal seguro para que os funcionários exponham preocupações sem medo de retaliação. Conforme destaca a pesquisadora, as implicações para a mudança social incluem maior responsabilidade organizacional, justiça, segurança e redução da discriminação[24] (Addison-Laurie, 2017).

Como requisitos para implementação da atuação do ombudsman, é importante que a empresa defina o seu papel e comunique a todos os colaboradores com clareza sobre suas atribuições e responsabilidades,

---

22   Tradução livre. Texto original: The ombudsman works within the institution to investigate the complaints independently and impartially. The process is voluntary, private, and nonbinding.

23   Tradução livre. Texto original disponível em https://abaombudsday. wordpress.com/wp-content/uploads/2018/09/applying-the-ombuds-role-to-your-organization.pdf

24   Tradução livre. Texto original: The implications for social change include increased organizational accountability, fairness, security, and reduction of discrimination.

integrando-o como parte da cultura organizacional. O ombudsman deverá ser treinado em técnicas de mediação, comunicação e resolução de conflitos, e atuar dentro da empresa com neutralidade, confidencialidade e independência (Addison-Laurie, 2017).

O arranjo procedimental pode prever outras iniciativas consensuais, com a escolha de canais de comunicação, denúncia ou ouvidoria, viabilizando os caminhos de acesso aos mecanismos de tratamento das controvérsias, com autonomia na criação e aceitação da decisão pelos envolvidos, e, caso rejeitada, a indicação de "um canal ou mecanismo processual subsequente para atender aos seus interesses" (Faleck, 2018, p.72).

O sistema deve coordenar canais que facilitam a comunicação e identificação das controvérsias ainda nos estágios iniciais, de forma a propiciar seu adequado gerenciamento. Essa estratégia propicia ações que mitigam os riscos de escalada dos conflitos, resolvendo com maior eficiência e mantendo um ambiente de trabalho positivo (Faleck, 2021).

O acesso à comunicação é priorizado por meio desses canais que devem garantir confidencialidade e escuta ativa, com o devido registro dos conflitos, observadas a ampla acessibilidade, confidencialidade e eficácia do processo, garantias de um devido processo legal mínimo (Gabbay, 2011). São múltiplas as formas de acesso à comunicação ou uma denúncia: caixa de sugestões, linha telefônica exclusiva para este fim, e-mail específico, plataforma virtual, garantindo opções variadas.

No sistema, estarão abrangidos também mecanismos voltados à construção de relacionamentos ou transformação do modo como se relacionam os atores internos à organização, a partir de um processo de aprendizagem contínua. Inclusive, a definição dos mecanismos internos deve levar em consideração, ainda, a cultura e estrutura organizacionais, verificando se já há procedimentos para manejar os conflitos, habilidades de atores internos, satisfação dos envolvidos e o modelo de gestão adotado, com procedimentos, estratégias e políticas (Faleck, 2018, p. 86).

Outras ferramentas que podem ser estruturadas são aquelas voltadas a autogestão do conflitos, tais como: treinamentos em habilidades e competências relacionadas à comunicação assertiva e à comunicação não violenta (CNV), guias de boas práticas em prevenção de conflitos, e outros recursos que permitam aos stakeholders lidarem de forma positiva com as discordâncias e controvérsias próprias do cotidiano organizacional.

Alguns ritos ou rituais podem ser previstos para que haja manutenção dos relacionamentos, alinhamento das comunicações e discussão de questões imediatas, o que viabiliza o monitoramento de conflitos latentes. Incluem-se, neste sentido, outras estratégias voltadas à manutenção da segurança psicológica dentro das organizações, tais como, modelos de escuta pela liderança, reuniões circulares, fóruns de colaboração, criação de diretrizes e enquadramentos dos trabalhos (Edmondson).

Grupos focais podem ser ferramentas úteis tanto no diagnóstico do contexto organizacional, quando na condução de diálogos estruturados em grupo para discutir conflitos em um ambiente seguro (Faleck, 2028, p. 93). Configuram-se como técnica de pesquisa qualitativa que envolve a realização de discussões estruturadas com um grupo de pessoas. Seu objetivo é fomentar o diálogo acerca de diferentes percepções, opiniões, crenças e atitudes em relação a uma situação específica, previamente definida, como a investigação de conflitos organizacionais.

A condução do grupo focal é atribuída a um facilitador ou moderador que conduz a discussão, garantindo a oportunidade de voz a todos os participantes, a escuta ativa e o respeito na interação. Para garantia da confiança dos envolvidos, é fundamental viabilizar um ambiente privado e acolhedor, e essencialmente confidencial, de forma a estimular que todos participem ativamente, expressando suas opiniões com protagonismo.

Os benefícios acima descritos se relacionam com a necessidade fundamental de "percepção de justiça procedimental pelo público" (Tom Tyler apud Faleck, 2018, p. 88). Esta perspectiva se relaciona a quatro questões relativas a expectativas dos envolvidos em conflitos: abertura para relatar a situação;

neutralidade na tomada de decisão, tratamento com respeito e dignidade; confiança no processo de diálogo e da autoridade.

O objetivo na estruturação do sistema interno de gestão de conflitos é a possibilidade de resolução destes eventos inatos às relações, com decisões consensuais que levem em consideração os valores da empresa e dos envolvidos. Somente se não for possível dissolvê-lo, parte-se para seu encaminhamento para outros métodos, o que pode estar abrangido como opção caso for frustrada a tentativa de solução (Faleck, 2018).

Em resumo, na solução de conflitos organizacionais, verifica-se que o diálogo permeia todo o sistema de forma a viabilizar caminhos para a solução ser construída no âmago institucional.

VANTAGENS E DESAFIOS

O campo de aplicação da mediação para lidar com conflitos intraorganizacionais precisa ser compreendido à luz das vantagens e dos desafios, além das limitações do método ao âmbito privado das relações empresariais.

A inserção da mediação no contexto empresarial apresenta inúmeros benefícios em potencial, diante de sua flexibilidade procedimental, adaptável a contextos diferentes, diante das necessidades das partes e particularidades da relação (Faleck, 2018). Esta característica intrínseca ao método consensual propicia uma série de vantagens ao ambiente organizacional.

Conforme descrito por Maia et al. (2021, pp.433-434), foi realizada uma "pesquisa entre as executivos e departamentos jurídicos de empresas listadas na Fortune 1.000, realizada pelo CPR (International Institute for Conflict Prevention and Resolution)", cujo resultado verificou benefícios da mediação no contexto empresarial:

(i) Controle continuado do processo e dos resultados pelas próprias partes em contraposição aos riscos e incertezas da decisão por terceiros estranhos aos negócios; (ii) adequação do procedimento às conveniências exclusivas das partes; (iii) confidencialidade; (iv) fortalecimento dos canais de comunicação; (v) atenuação da interferência das diferenças culturais ou internacionais; (vi) consideração das realidades comerciais ou de negócios; (vii) soluções criativas e douradoras; (viii) preservação e consolidação das relações de negócios com geração de oportunidades de interesse comum. (Maia et al., 2021, pp.433-434)

A mediação, como visto, propicia o protagonismo às partes envolvidas, na medida em que facilita a autonomia de vontade a partir do processo de tomada de decisões informadas, controle do processo e do seu resultado, em um ambiente de confidencialidade, o que reforça a segurança psicológica para tratar temas sensíveis, de cunho subjetivo. O protagonismo é verificado na voluntariedade, na liberdade para condução do processo de mediação, na escolha do mediador e na não obrigatoriedade de um acordo.

Caso as partes optem por um acordo, o mediador facilitará a criação pelas partes de uma solução com benefícios recíprocos, "desviando-se das soluções adjudicadas que, pela demora, custo e circunstâncias podem comprometer definitivamente o negócio" (Cahali, 2011, p.66).

Caso a mediação seja frutífera, as soluções originadas do processo poderão levar em consideração as especificidades do negócio, os papéis desempenhados, posições ocupadas na hierarquia institucional, a cultura organizacional, trazendo maior adequação e eficiência ao caso concreto. Como desencadeamento do processo de construção da solução, os envolvidos têm maior tendência ao cumprimento do acordo (Faleck, 2018).

Segundo pontua Braga Neto (2020, pp.245-246):

Além disso, a mediação de conflitos é tão flexível e promotora de novos paradigmas que é possível o uso de seus princípios, norteadores, características e técnicas sem necessariamente se estar utilizando o método propriamente dito. A mediação poderá ser utilizada de maneira eficiente quando seus norteadores e técnicas forem usados para qualificação do atendimento a pessoas envolvidas em conflitos. Ou seja, não é necessário existir mediadores para que seus elementos sejam empregados; basta fazer uso de seus novos paradigmas e técnicas que certamente resultarão num ambiente mais acolhedor às pessoas e, com isso, promover a pacificação e a cultura da paz.

Dentre os meios adequados de solução de conflitos – MASCs, a mediação se apresenta como o método mais eficaz para lidar com os desafios interrelacionais no ambiente corporativo, fomentando, por meio do diálogo aberto, a composição das controvérsias, das diferentes percepções e interesses existentes e viabilizando soluções criativas e apropriadas às necessidades dos envolvidos. A mediação atende às especificidades de cada contexto, aos diferentes modelos de negócios, ao adaptar-se às realidades da organização.

A mediação é uma boa ferramenta para o gerenciamento de crise de compliance, atuando na prevenção de determinadas condutas no ambiente de trabalho que possam prejudicar a implementação de mudanças na cultura organizacional.

O processo de diálogo facilitado por um mediador envolve a viabilização de um canal seguro, transparente e confidencial, em que as pessoas em conflito trarão questões de ordem objetiva e subjetiva, gerindo emoções e situações que impactam negativamente o ambiente organizacional. São levados em consideração questões de ordem pessoal, e, principalmente, culturais e sociais, normas internas, valores e especificidades da instituição.

No procedimento, a escuta mútua permite a análise dos problemas e desafios no cotidiano empresarial, ampliando a percepção do contexto que afeta a produtividade, o desempenho e engajamento entre colaboradores, gestores e equipes. A abordagem da mediação propicia uma tomada de decisão mais consciente, compreendendo responsabilidades, riscos e compreensão do contexto.

A atuação do mediador pode acontecer por meio da realização de reuniões, privadas ou coletivas, intervindo para explorar pontos de convergências e estruturar a solução mais adequada. As reuniões privadas são conduzidas individualmente com cada envolvido, ao passo que as conjugadas, serão conduzidas as interações para ampliar a percepção do contexto conflituoso e engajar os participantes a exercer o protagonismo na criação de soluções inovadoras.

Uma contribuição valiosa para as empresas, é promover a reflexão e o compromisso dos envolvidos com os valores da organização e a visão de futuro, além de auxiliar na transformação dos problemas em oportunidades de correção e crescimento organizacional.

Ao abordar o contexto das empresas familiares, Isoldi (2022, p.140) relata as vantagens da mediação neste viés: "Criar um espaço de comunicação para que os interesses, sentimentos e emoções possam ser expressos em ambiente seguro, adequado, possibilitando a escuta e a fala, equilibrando as trocas, garantindo a autonomia de vontade, buscando solução que deixe todos satisfeitos."

A mediação possui um procedimento que promove o protagonismo dos envolvidos no conflito, para a criação conjunta e colaborativa de soluções mais adequadas e eficazes ao contexto, por meio de flexibilidade, confidencialidade e trabalhando aspectos inter-relacionais importantes. Em um ambiente seguro de diálogos, um terceiro imparcial, o mediador, conduz e engaja os envolvidos a participarem da transformação do conflito, renovando a forma como as partes se relacionam.

O resultado para as empresas é a longevidade e qualidade das relações interpessoais, a rápida solução de controvérsias cotidianas, mantendo o envolvimento dos colaboradores no foco do negócio e o engajamento na busca dos resultados do planejamento corporativo.

É cediço que a mediação, geralmente, acontece após a ocorrência de disputas, no entanto, tem exercido um importante papel de prevenção. Segundo Penna (2023, p.112):

> A mediação preventiva intraorganizacional tem como objetivo, traçar um método preventivo de conflitos, a partir de um diagnóstico organizacional com base em entrevistas e trabalhos específicos que são realizados. A elaboração de um desenho de conflitos, por exemplo, tem como escopo mostrar as distorções na comunicação interna e externa, analisar metas e expectativas pessoais dos integrantes da organização, identificar áreas de conflito, compreender como são realizadas as interações internas, buscar a colaboração legítima dos integrantes, entre outras funções.

A mediação é instrumento que viabiliza revisão das relações contratuais intraorganizacionais, como, por exemplo, as que regem as relações societárias, na medida em que monitora e acompanha as mudanças de interações entre os atores das organizações. Por intermédio dos diálogos assistidos por um mediador, é possível ressignificar relacionamentos, transformando-os positivamente.

Por ser um processo dialógico, a mediação se configura em meio eficaz para auxiliar o público interno em conflito dentro da empresa, uma vez que viabiliza a escuta ativa, a comunicação empática e o diálogo construtivo sobre os interesses, expectativas e necessidades dos envolvidos (Pereira, 2016). É um meio em que soluções criativas podem surgir do diálogo autêntico e, quando bem conduzido por um terceiro neutro, fomentando uma comunicação sustentável orientada a resultados, e não a problematizações.

"A mediação empresarial preserva as relações existentes, tem foco no positivo e no futuro, mesmo que passeie pelo passado e que a decisão seja a de interromper a relação ora existente" (Grosman & Bayer, 2021, p. 453).

A maior propensão ao resgate e manutenção dos relacionamentos é uma das características intrínsecas do processo de mediação transformativa.

Portanto, como meio consensual de solução de controvérsias, a mediação se torna um mecanismo eficaz de transformação da organização, na medida em que dispõe de um processo em que problemas são tratados a partir de sua origem, na compreensão genuína das causas para reflexão das opções estratégicas de superação dessas fragilidades organizacionais. "Nesse sentido, o uso da mediação na vida da empresa certamente pode trazer benefícios corporativos valiosos, como o aprimoramento das suas relações internas, dos seus mecanismos de controle e da sua própria transparência" (Braga Neto, 2019, p.21).

Além destes benefícios citados, Braga Neto (2019, p.12) sustenta que "a mediação intraorganizacional pode ser uma ferramenta bastante útil para a ampliação da 'consciência empresarial'". Para Maia (2015, p.54), a mediação se apresenta:

> [...] como meio capaz de contribuir para o fomento de empresas mais longevas e competitivas. Isso porque auxilia na otimização da gestão, mitigação de riscos, prevenção e resolução de conflitos internos e externos de forma mais eficiente. Assim, a mediação pode – e deve – permear as áreas de governança corporativa, responsabilidade social e sustentabilidade. Tudo isso em diferentes níveis do mercado, ao abarcar pequenas, médias e grandes empresas.

Portanto, a mediação se configura como o principal meio adequado de solução de disputas dentro das organizações. No entanto, apresenta desafios tanto na adesão ao procedimento consensual quanto à sua estruturação dentro de um sistema de gestão de conflitos organizacionais.

Faleck (2018, p.51) aponta as principais questões que desafiam a estruturação dos sistemas: "recursos financeiros ou materiais, à capacidade do envolvimento das partes afetadas, à existência de grupos ou forças bloqueadoras, desequilíbrio de poder ou maturidade do conflito para que as partes envolvidas estejam motivadas."

Quanto ao DSD, a sua implementação pode exigir, a depender das especificidades do modelo de negócio, um investimento significativo de tempo e recursos humanos e financeiros, o que pode ser um desafio para organizações com capacidade e estrutura limitada (Faleck).

Além disso, apesar de a sistematização oferecer uma abordagem estruturada e personalizada para a resolução de conflitos, é importante reconhecer suas limitações para uma avaliação equilibrada. Uma das principais restrições é a dependência da precisão e da integridade do mapeamento das partes. Se houver falhas ou viés na coleta de dados e na análise das informações, todo o sistema de DSD pode ser comprometido, resultando em soluções ineficazes (Faleck, 2018).

Por sua vez, destaca Constantino (2016, p. 84), que, em geral, a estruturação de um sistema customizado pode englobar alguns dos seguintes propósitos: administrar os conflitos para controlar resultados, minimizar riscos econômicos ou jurídicos, prevenir litígios, desenvolver e capacitar os stakeholders, melhorar relacionamentos, para garantir a justiça. A autora alerta que, para cada um desses objetivos definidos pela organização, há um conjunto de problemas gerados, na medida em que impacta indivíduos, grupos e a própria instituição[25].

Por isso, a importância de definir o porquê da criação do sistema, com a finalidade de esclarecer aos stakeholders dúvidas e inseguranças próprios de um processo de tomada de decisão.

---

25   Tradução livre. Texto original: Each purpose raises in turn a unique set of issues. Indeed, in the CMSD context, the person who decides the pur pose of the system often determines whose interests will be served or not served. The struggle over the purpose of the design has colateral implications not only for the organization as a whole, but also for the stakeholders as individuals. The key inquiry here is: Who is the sys tem designed for and why?

A estruturação de um sistema de manejo de disputa pode ser vista pelo público interno como forma de controle gerencial, ao invés de ser percebido em seu propósito real, fomento de espaço de diálogos abertos e no exercício de uma maior autonomia da vontade dos colaboradores, ou seja, empoderamento dos funcionários (Constantino, 2016)[26]. Uma vez que, a partir desta percepção, há maior resistência na colaboração diante da falta de confiança na gestão da empresa.

Outro obstáculo é a própria resistência à mudança por parte dos envolvidos, uma vez que os meios consensuais dependem de uma nova mentalidade voltada à livre manifestação de vontade, o que pode dificultar a adoção de novos sistemas e práticas. Conforme pontua Grosman & Bayer, nem sempre a mediação é a resposta adequada para lidar com algumas diferenças no ambiente empresarial, uma vez que depende primordialmente da voluntariedade somada ao protagonismo das partes e nem todos querem aderir ao processo da mediação (2021, p. 453).

Assim, é fundamental que a empresa respeite a voluntariedade do procedimento, sob pena de ferir um dos princípios da mediação e contaminar o resultado alcançado. Como a gestão de um empresa possui um poder diretivo sobre funcionários, estes podem se sentir coagidos a participar do processo por receio ou medo, quebrando o elo de confiança e gerando maior resistência.

A superação dos desafios está na capacidade do mediador de conflitos se tornar um desing de um sistema de resolução das questões mais imediatas, atuando como um facilitador externo, para manter as características de neutralidade e imparcialidade. Nesta postura, fomenta-se um processo de

---

26   Tradução livre. Texto original: CMSD intervention and the introduction of ADR processes into an organization can be seen by some as less a symbol of innovation and empowerment, and more a choice by those in power to mitigate risk and protect the organizational entity. There is often a tension or even a discrepancy about the stated purpose of the conflict management system, its perceived purpose, and its actual purpose.

construção de relacionamento de confiança entre organização, envolvidos e mediador (Faleck, 2018).

Para alcançar os benefícios na sistematização da gestão de conflitos, é fundamental observar a necessidade de "percepção de justiça procedimental pelo público" (Faleck, 2018, p.88), conforme analisamos em tópico anterior. O ambiente de diálogos deve garantir canais de comunicação com confidencialidade e abertura para expor a situação conflituosa; neutralidade e imparcialidade do facilitador na condução da tomada de decisão, com respeito e dignidade; a ponto de gerar a confiança no processo de diálogo.

A mediação é meio consensual que propicia esse espaço seguro, quando observados seus princípios e fundamentos. Neste sentido, Lagrasta pontua que (2023, p. 26):

> Assim, como a mediação visa, em última análise, a pacificação dos conflitantes, seus recursos técnicos são utilizados, inclusive, como estratégia preventiva, criando ambientes propícios à colaboração recíproca, com o objetivo de evitar a quebra da relação entre as partes. E, por esse motivo, a mediação representa uma fusão das teorias e das práticas das disciplinas da psicologia, assessoria, direito e outros serviços do campo das relações humanas, sendo interdisciplinar.

No contexto empresarial é preciso um trabalho da liderança voltado a conciliar os interesses objetivos, com pauta econômica importante, com os subjetivos, incluindo a percepção emocional dos envolvidos no conflito. A confiança dos stakeholders pode ser viabilizada com uma comunicação clara e transparente no estabelecimento de normas procedimentais, regulamento ou guias de boas práticas.

O sucesso do DSD depende da flexibilidade e da capacidade de adaptação constante do sistema e dos stakeholders, o que requer um compromisso com a avaliação e melhoria contínua, não somente por parte da organização, mas também do público interno. E, neste sentido, torna-se essencial o desenvolvimento constante de habilidades e competências de líderes, gestores e colaboradores, fomentando o aprendizado contínuo do público interno.

SEGURANÇA PSICOLÓGICA E GESTÃO DE CONFLITOS

A segurança psicológica é um elemento essencial para a construção de um ambiente de trabalho saudável e produtivo, especialmente em contextos marcados por mudanças rápidas e crescentes desafios organizacionais. Este conceito transcende a ausência de medo ou de retaliações, integrando-se ao cerne da inovação, do aprendizado e da resolução colaborativa de problemas.

De acordo com Edmondson (2021), "um ambiente psicologicamente seguro incentiva os colaboradores a expressarem ideias, preocupações e discordâncias sem medo de julgamento, o que é vital para o sucesso organizacional em tempos de complexidade".

Ao incorporar a segurança psicológica como uma vantagem central no Dispute System Design, as empresas criam um espaço de confiança e respeito mútuo, onde os colaboradores se sentem encorajados a discutir conflitos de maneira aberta e construtiva. Essa abordagem promove a prevenção de disputas escaladas e transforma diferenças em oportunidades de crescimento. Por exemplo, ao permitir que equipes compartilhem erros e vulnerabilidades, a organização fortalece laços interpessoais e reduz a tensão gerada pela competitividade ou pelo medo de represálias.

Por sua vez, a implementação de um sistema que englobe os métodos consensuais de solução de conflitos garante um ambiente organizacional seguro para que os stakeholders internos expressem opiniões, preocupações, controvérsias e lidar positivamente com conflitos, sem medo de retaliações.

Essas iniciativas propiciam uma cultura organizacional com padrões mais colaborativos e de confiança mútua na solução de problemas complexos.

A partir desta pesquisa, verificou-se os potenciais da estruturação sistematizada da mediação de conflitos no contexto interno das empresas, viabilizando um ambiente organizacional baseado nos pilares da abertura, transparência, diálogo e colaboração, bases do conceito de segurança psicológica no ambiente de trabalho.

Como resultado deste clima organizacional mais seguro, há alguns benefícios relatados. Há agilidade em reportar e corrigir erros e falhas, possibilitando a adoção de medidas que corrijam os atos falhos, na medida em que há diálogo voltado a soluções, e não punições.

O pilar do trabalho de Edmondson é o estímulo ao uso da voz, para abordar ideias inovadoras, preocupações, receios, riscos das propostas, problemas, sugestões, soluções diferentes para antigos problemas. E alerta que "falar abertamente é somente o primeiro passo. O verdadeiro teste é como líderes respondem quando as pessoas realmente falam com abertura" (p. 223).

O diálogo transparente dentro das organizações, de forma a relatar falhas, problemas e dificuldades nas relações interpessoais, somente ocorre quando as respostas dos líderes são adequadas e inseridas em ambientes com segurança psicológica suficiente (Edmondson, p. 226). E o processo de aprendizagem e superação das falhas, assim como dos conflitos, ocorre quando as pessoas envolvidas se sentem confiantes para reconhecer a própria responsabilidade, sem processos de culpabilização ou julgamento.

Neste mesmo sentido, E. H. Schein, E. H. e P. Schein (2020) destaca a importância da segurança dos participantes em um diálogo, para que possam expressar discordâncias, perguntar e participar ativamente, e, assim, ampliar e aprofundar suas percepções acerca do ponto de vista do outro. E. H. Schein, E. H. e P. Schein (2020) descreve um processo de conversação similar ao grupo focal e às rodas de diálogo, quando delineia as regras relacionadas ao momento de fala de cada integrante, à não interrupção da fala do outro, e a abordagem sobre "estado mental, motivação ou sentimentos" (E. H. Schein, E. H. e P. Schein, 2020, p.199).

Quanto aos conflitos, Edmondson (2020) aborda como um dos desafios que toda equipe confronta, alertando que, na teoria, são descritos como promotores de melhores decisões e estímulo à inovação. No entanto, na prática, as pessoas não possuem capacidades para lidar de forma positiva com o conflito, o que deve ser objetivo estratégico da organização o desenvolvimento das competências relacionadas a lidar de forma construtiva com disputas e discordâncias.

A autora complementa que há pesquisas, citando Bret Bradley, que revelaram o quanto a segurança psicológica é fator diferencial no "bom uso do conflito", quando presente a "habilidade de expressar ideias relevantes e discussões decisivas sem constrangimento ou conflito pessoal excessivo entre os membros da equipe" (Edmondson, p.80). Por sua vez, ao citar Scheim, a autora enumerou outra qualidade da segurança psicológica voltada à colaboração, na medida em que "permite às pessoas que foquem em alcançar objetivos compartilhados, em vez de autoproteção" (p. 38).

A segurança psicológica deve ser promovida por meio de práticas institucionais consistentes e alinhadas com a cultura organizacional. Isso inclui o treinamento de lideranças para modelar comportamentos que promovam a empatia, a escuta ativa e o respeito às diferenças. Além disso, a integração de mecanismos como feedbacks regulares e reuniões para resolução colaborativa de problemas fortalece a percepção de um ambiente de trabalho inclusivo e seguro. Dessa forma, o DSD se consolida como um sistema que não apenas trata conflitos, mas também previne o surgimento de um clima organizacional tóxico.

A caixa de ferramentas, sugerida por Edmondson, para implantação da segurança psicológica nas organizações, envolve as seguintes tarefas da liderança: estabelecer expectativas sobre falha, incerteza e interdependência para esclarecer a necessidade de voz; aceitar diferenças; fazer boas perguntas, como modelo de escuta intensa, estabelecendo estruturas e processos com diretrizes voltadas a criar fóruns para colaboração. Para eliminar o estigma da falha, a pesquisadora propõe olhar para frente, oferecer ajuda, discutir, considerar e ter ideias sobre os próximos passos, com orientações em direção ao aprendizado contínuo.

O trabalho da pesquisadora revela evidências sobre a importância do ambiente aberto e seguro ao diálogo, indo ao encontro dos princípios, técnicas e etapas próprias do método de mediação. O escopo da mediação de fomentar diálogos é potencializado por meio da estruturação de um sistema interno coordenado para lidar de forma preventiva e positiva com os conflitos organizacionais.

Uma maior autonomia da vontade de líderes e equipes é alcançada quando o meio ambiente dispõe de caminhos, métodos e ferramentas que assegurem diálogos com confiança, garantindo a flexibilidade para se adaptar ao contexto organizacional, confidencialidade conforme a necessidade dos envolvidos e neutralidade dos facilitadores, sem preferências.

A segurança psicológica não é apenas uma vantagem momentânea, mas um diferencial estratégico para a sustentabilidade organizacional. Pesquisas demonstram que ambientes psicologicamente seguros apresentam maior engajamento, menor rotatividade de colaboradores e aumento na qualidade das decisões tomadas pelas equipes (Ramalho & Porto, 2021). Portanto, ao incorporar esse elemento no DSD, as empresas asseguram que sua estrutura de gestão de conflitos fomente relações interpessoais resilientes e adaptáveis, contribuindo para o sucesso a longo prazo.

O Dispute System Design oferece uma estrutura robusta e flexível para a gestão eficaz de conflitos organizacionais, integrando métodos consensuais, como a mediação, e promovendo a prevenção e a transformação de disputas. Sua aplicação no contexto empresarial não apenas reduz custos econômicos e relacionais, mas também fomenta um ambiente de trabalho psicologicamente seguro e alinhado aos objetivos estratégicos da organização. Assim, o DSD reforça a importância de soluções personalizadas para criar culturas organizacionais mais saudáveis e resilientes.

NHR-1 E SAÚDE MENTAL NO AMBIENTE DE TRABALHO

A recente publicação da NR-1 pelo Ministério do Trabalho e Emprego (MTE) introduziu diretrizes específicas para o cuidado com a saúde mental dos trabalhadores, exigindo que as empresas adotem medidas concretas para garantir um ambiente de trabalho psicologicamente seguro. Essas obrigações incluem a implementação de programas de prevenção ao adoecimento mental, a promoção de condições adequadas de trabalho e a criação de canais estruturados para a gestão de conflitos internos.

A norma estabelece que as organizações devem adotar estratégias que reduzam os impactos dos riscos psicossociais e promovam uma cultura de bem-estar. Dentro desse contexto, a mediação de conflitos desempenha um papel crucial ao criar um espaço estruturado para o diálogo e a resolução de disputas, evitando o agravamento de tensões que podem levar a quadros de estresse e adoecimento mental.

A segurança psicológica, já abordada neste livro como um fator essencial para um ambiente organizacional saudável, agora ganha respaldo normativo, tornando-se uma exigência regulatória para as empresas. A adoção de um sistema de gestão de conflitos baseado na mediação pode, portanto, ser uma estratégia eficaz para o cumprimento das exigências da NR-1, garantindo conformidade legal e benefícios concretos para a cultura organizacional.

Diante dessas mudanças, torna-se imprescindível que líderes e gestores compreendam a importância da implementação de práticas voltadas ao bem-estar emocional no ambiente corporativo. O cumprimento da NR-1 não deve ser visto apenas como uma obrigação legal, mas como uma oportunidade para fortalecer a cultura organizacional e melhorar o desempenho das equipes.

SISTEMAS DE GESTÃO DE CONFLITOS E SEGURANÇA PSICOLÓGICA

No contexto da NR-1, a estruturação de sistemas internos de gestão de conflitos torna-se ainda mais relevante. Modelos como o Dispute System Design (DSD) e o Integrated Conflict Management System (ICMS) oferecem um caminho estruturado para que as empresas desenvolvam mecanismos eficazes de identificação, monitoramento e resolução de disputas, alinhados com as novas diretrizes regulatórias.

A implementação de um sistema de mediação organizacional permite que as empresas adotem uma abordagem preventiva na gestão de conflitos, minimizando os impactos negativos no clima organizacional e promovendo um ambiente de trabalho mais saudável. Além disso, um sistema bem estruturado proporciona maior transparência na resolução de disputas, reduzindo o risco de litígios trabalhistas e fortalecendo a confiança entre líderes e colaboradores.

Empresas que negligenciam a gestão de conflitos e o cuidado com a saúde mental de seus funcionários podem enfrentar não apenas sanções legais, mas também prejuízos significativos em termos de produtividade e retenção de talentos. Portanto, a incorporação da mediação como parte integrante da estratégia organizacional representa um investimento estratégico que beneficia tanto a empresa quanto seus colaboradores.

A segurança psicológica não é apenas uma vantagem momentânea, mas um diferencial estratégico para a sustentabilidade organizacional. Pesquisas demonstram que ambientes psicologicamente seguros apresentam maior engajamento, menor rotatividade de colaboradores e aumento na qualidade das decisões tomadas pelas equipes (Ramalho & Porto, 2021). Portanto, ao incorporar esse elemento no DSD, as empresas asseguram que sua estrutura de gestão de conflitos fomente relações interpessoais resilientes e adaptáveis, contribuindo para o sucesso a longo prazo.

O Dispute System Design oferece uma estrutura robusta e flexível para a gestão eficaz de conflitos organizacionais, integrando métodos consensuais, como a mediação, e promovendo a prevenção e a transformação de disputas. Sua aplicação no contexto empresarial não apenas reduz custos econômicos e relacionais, mas também fomenta um ambiente de trabalho psicologicamente seguro e alinhado aos objetivos estratégicos da organização. Assim, o DSD reforça a importância de soluções personalizadas para criar culturas organizacionais mais saudáveis e resilientes.

A NR-1 representa um marco regulatório importante na evolução das práticas organizacionais voltadas à promoção da saúde mental no ambiente de trabalho. Sua introdução reforça a necessidade de que empresas adotem medidas concretas para garantir um ambiente seguro e psicologicamente saudável para seus colaboradores.

CONCLUSÃO

O foco central desta pesquisa englobou a análise da sistematização da mediação como método consensual de resolução de conflitos no ambiente organizacional. A mediação, quando inserida de maneira estruturada dentro das empresas, não apenas resolve disputas, mas também promove um ambiente de trabalho mais saudável, baseado na confiança e na segurança psicológica.

O objetivo principal foi explorar como a mediação, inserida dentro de um sistema de resolução de disputas, pode propiciar a prevenção, o tratamento e a mitigação de conflitos organizacionais de forma eficiente, promovendo um ambiente de trabalho psicologicamente seguro.

Ao longo do estudo, foram explorados os desafios da cultura da litigiosidade ou cultura da sentença no Brasil, e a necessidade de uma mudança de mentalidade que valorize o protagonismo na resolução de conflitos. A cultura do consenso ou da pacificação exige que indivíduos, juristas, instituições e empresas adotem uma postura mais ativa na gestão de suas relações, substituindo a dependência do sistema judiciário por abordagens mais colaborativas e eficazes.

Quanto ao contexto brasileiro, a pesquisa buscou dados para descrever a realidade de alta litigância e o discreto avanço dos métodos consensuais na esfera judicial. Culturalmente, o brasileiro ainda procura a segurança jurídica nas decisões judiciais, terceirizando as soluções por não se sentir apto a lidar com os conflitos com autonomia da vontade. Enquanto a cultura do consenso demanda uma mudança de mentalidade de pessoas, juristas, instituições e cidadãos em geral, de forma a incorporar uma postura de maior protagonismo nas tomadas de decisão, inclusive em âmbito empresarial.

Dentre os diversos métodos adequados de solução de disputas, tais como a jurisdição, a arbitragem, a conciliação, a negociação e outros, a mediação se destaca por sua capacidade de transformar as relações, considerando a interdependência dos envolvidos, seus interesses e necessidades. É um meio em que se fundamenta na compreensão da interdependência das relações, nas singularidades de cada envolvido, e no olhar para as controvérsias contemporâneas, com diálogos estruturados. Essa abordagem promove um ambiente organizacional mais aberto ao diálogo e à cooperação, reduzindo os impactos negativos dos conflitos mal geridos.

Ainda persiste, no meio empresarial, a crença de que emoções e racionalidade devem ser tratadas separadamente, perpetuando uma cultura do silêncio, na qual erros e falhas são punidos, e os conflitos são evitados, em vez de prevenidos ou gerenciados. Esse padrão impacta diretamente a cultura organizacional, a produtividade e os resultados da empresa, além de gerar uma ambiência psicologicamente insegura e ansiosa.

Empresas são organismos vivos e dinâmicos, compostos por relações complexas que influenciam o desempenho a nível individual, relacional, grupal e sistêmico. Nesse contexto, líderes e gestores enfrentam desafios diários para administrar situações conflituosas de mneira eficaz, prevenindo a escalada de disputas e fortalecendo a cultura organizacional.

As disputas e divergências, como eventos inevitáveis, ocorrem, cotidianamente, nas organizações entre os stakeholders, em face da multiplicidade de interesses, sentimentos e vontades. Diante do cenário global de incertezas e polaridades, os conflitos ganham maior expressividade no mundo corporativo, que proporcionam riscos à cultura organizacional, ao modelo de negócios e à produtividade das empresas, caso não manejados adequadamente.

O estudo identificou que, para além da resolução pontual de conflitos, a mediação contribui significativamente para a segurança psicológica no ambiente de trabalho. Seus princípios fundamentais, como a confidencialidade, a imparcialidade do mediador, a autonomia das partes e a cooperação, são fatores essenciais para a construção de um espaço organizacional baseado no respeito e no diálogo estruturado.

A implementação de sistemas de gestão de conflitos, como o Dispute System Design (DSD), oferece um modelo estruturado para mapear, monitorar e gerenciar disputas dentro das empresas. Essa sistematização permite um diagnóstico mais preciso dos conflitos, possibilitando a adoção de estratégias customizadas para prevenir e mitigar desentendimentos de maneira eficiente.

A pesquisa demonstrou que a criação de um ambiente psicologicamente seguro depende diretamente da disponibilidade de canais de comunicação confiáveis e da adoção de métodosestruturados para lidar com conflitos antes que estes se agravem. Empresas que investem nassa abordagem fortalecem suas relações internas, promovem inovação e garantem um clima organizacional mais colaborativo e produtivo.

Líderes e equipes que se sentem seguros para exercer com maior autonomia seus papeis, dialogar sobre desafios e oportunidades de mudanças, sem medo de punição, julgamento e culpabilização, tendem a assumir uma maior responsabilidade por suas entregas e pelo crescimento da organização. Esse modelo favorece uma cultura pautada no aprendizado contínuo, quando cada colaborador atua de forma comprometida em corrigir falhas, mitigar cenários indesejáveis e se envolver no processo de criação de soluções

A adaptação dos sistemas às necessidades específicas de cada organização foi uma premissa central nesta pesquisa. A customização e a flexibilidade dos métodos de mediação garantem que as partes envolvidas possam gerir seus conflitos de maneira consensual e estratégica, minimizando custos emocionais e financeiros.

A gestão adequada de conflitos no ambiente intraorganizacional ganha expressão na administração corporativa, na medida em que fomenta relações mais inclusivas e satisfatórias, ao facilitar a conexão entre membros de uma equipe e a colaboração, mitigando os riscos interpessoais por meio do diálogo estruturado no cotidiano empresarial.

A mediação não tem o intuito de erradicar os conflitos no ambiente organizacional, e sim oferecer ferramentas que previnem e mitigam as disputas por meio de competências, técnicas e estratégias a partir da perspectiva de que o conflito pode ser propulsor de transformação na organização corporativa. Não há dúvidas de que a sistematização da mediação é viável e vantajosa para o contexto organizacional, efetivamente proporcionando um ambiente de trabalho psicologicamente seguro.

Por fim, o livro propõe uma visão multidisciplinar, abrangendo não apenas o Direito, como também a Administração e a Psicologia. A pesquisa evidenciou a escassez de estudos científicos no Brasil voltados para a implementação de sistemas internos de gestão de conflitos, reforçando a necessidade de aprofundamento e expansão desse conhecimento.

Diante das evidências apresentadas, é possível afirmar que a hipótese inicial de pesquisa foi confirmada: a sistematização da mediação é viável e vantajosa para as empresas, promovendo um ambiente organizacional psicologicamente seguro, caso observados os passos fundamentais na sua elaboração, principalmente o diagnóstico situacional. A customização de um sistema interno adequado a cada modelo de negócio fortalece a confiança dos colaboradores, aprimora a tomada de decisões e cria um ambiente propício à inovação e ao crescimento sustentável.

O exercício de maior autonomia da vontade dos envolvidos depende da criação de um modelo que traga o senso de confiança nos processos de tomada de decisão, em que estão assegurados a confidencialidade, a flexibilidade, imparcialidade do mediador ou facilitador. A comunicação deve ser clara e transparente de forma a demonstrar os norteadores do procedimento consensual, o que exige o treinamento contínuo de líderes e colaboradores em competências comunicacionais e socioemocionais.

Acredita-se na transformação das empresas e organizações sob um olhar humanizador, em que os indivíduos e os grupos possam aprender a lidar positivamente com conflitos, reduzindo os impactos de conflitos disfuncionais e criando relações com maior bem-estar e colaboração. As evidências na pesquisa sobre segurança psicológica demonstram que o diálogo estruturado viabiliza o caminho para o fortalecimento da cultura organizacional e as transformações necessárias ao crescimento e sucesso da empresa.

Para que empresas prosperem em um cenário de complexidade, instabilidades e incertezas, é essencial investir em mecanismos que incentivem o diálogo, a colaboração e a segurança psicológica. Um ambiente organizacional saudável não deve ser rígido o bastante a ponto de resistir à evolução, nem volátil a ponto de sucumbir e perder sua identidade. A chave para o sucesso está na flexibilidade e na construção de relações baseadas na confiança e no respeito mútuo.

REFERÊNCIAS BIBLIOGRÁFICAS

Addison-Laurie, E. (2017) The Role of an Ombudsman in Mitigating Conflict (O Papel do Ombudsman na Mitigação de Conflitos). Walden Dissertations adn Doctoral Studies. https://scholarworks.waldenu.edu/dissertations/3583/

Almeida, G. M. de & Silva, T. A. da. (2021) Prevenção e resolução de conflitos empresariais: mediação e outros procedimentos. In T. Almeida et al. (Org.). Mediação de conflitos para iniciantes, praticantes e docentes (3a ed. rev., atual. e ampl.). (pp. 393-410). Salvador: JusPodivm.

Almeida, T. (2014). Caixa de ferramentas em mediação: aportes práticos e teóricos. São Paulo: Dash.

Baptista, B. G. L. & Filpo, K. P. L. (2017). A esperança de uma justiça consensual: os desafios do Novo CPV nas ações de família. In F. Duarte et al. (Coord.). Mediações: práticas, discursos e reflexões (pp.47-58). Programa de Pós-graduação em Sociologia e Direito.

Braga Neto, A. (Org.). (2019). Mediação empresarial: experiências brasileiras. Vol. 1. São Paulo: Editora CLA.

Braga Neto, A. (2020). Mediação de conflitos: conceito e técnicas. In C. A. Salles et al. (Coord.). Negociação, mediação, conciliação e arbitragem: curso de métodos adequados de solução de controvérsias (3a ed. rev., atual. e ampl.). (pp.203-253). Forense.

Braga Neto, A. (2021). A mediação extrajudicial institucional e suas características contratuais no contexto empresarial e a experiência da Câmara

CIESP/FIESP. http://www.camaradearbitragemsp.com.br/pt/entrevistas/docs/AdolfoBragaNeto.pdf

Braga Neto, A. (Org.). (2022a). Mediação empresarial: experiências brasileiras. Vol. 2. São Paulo: Editora CLA.

Braga Neto, Adolfo (Org.). (2022b). Reflexões sobre caminhos além do Judiciário. São Paulo: Editora CLA.

Brasil. (2016). Conselho Nacional de Justiça. Manual de Mediação Judicial (6a ed.). https://www.cnj.jus.br/wp-content/uploads/2015/06/f247f5ce60df2774c59d6e2dddbfec54.pdf

Brasil. (2023). Conselho Nacional de Justiça. Justiça em Números 2023. https://www.cnj.jus.br/wp-content/uploads/2023/09/justica-em-numeros-2023-010923.pdf

Brasil. Constituição de 1988. (1988). Constituição da República Federativa do Brasil. https://www2.camara.leg.br/legin/fed/consti/1988/constituicao-1988-5-outubro-1988-322142-publicacaooriginal-1-pl.html

Brasil. (2023). Lei n. 14.612, de 2023. Altera a Lei nº 8.906, de 4 de julho de 1994 (Estatuto da Advocacia), para incluir o assédio moral, o assédio sexual e a discriminação entre as infrações ético-disciplinares no âmbito da Ordem dos Advogados do Brasil. https://www.planalto.gov.br/ccivil_03/_ato2023-2026/2023/lei/l14612.htm

Brasil. Lei n. 13.105, de 16 de março de 2015. (2015, março 17). Código Civil. https://www2.camara.leg.br/legin/fed/lei/2015/lei-13105-16-marco-2015-780273-publicacaooriginal-146341-pl.html

Brasil. Lei n. 13.140, de 26 de junho de 2015. (2015, junho 29). Dispõe sobre a mediação entre particulares como meio de solução de controvérsias e sobre a autocomposição de conflitos no âmbito da administração pública; altera a Lei nº 9.469, de 10 de julho de 1997, e o Decreto nº 70.235, de 6 de março de 1972; e revoga o § 2º do art. 6º da Lei nº 9.469, de 10 de julho de 1997. https://www2.camara.leg.br/legin/fed/lei/2015/lei-13140-26-junho-2015-781100-publicacaooriginal-147366-pl.html

Brasil. Resolução n. 125, de 29 de novembro de 2010. (2010). Dispõe sobre a Política Judiciária Nacional de tratamento adequado dos conflitos de interesses no âmbito do Poder Judiciário e dá outras providências. https://atos.cnj.jus.br/files/resolucao_125_29112010_03042019145135.pdf

Brasil. Ministério Público do Trabalho. Assédio Moral no Trabalho: perguntas e respostas. https://mpt.mp.br/pgt/publicacoes/cartilhas/assedio-moral-no-trabalho-perguntas-e-respostas/@@display-file/arquivo_pdf

Burbridge, R. M. & Burbridge, A. (2012). Gestão de conflitos: desafios do mundo corporativo. São Paulo: Saraiva (1ª ed.).

Burbridge, M. B. & Manfredi, D. (2021). Mediação corporativa: desenvolvendo o diálogo estratégico no ambiente de negócios. In T. Almeida et al. (Org.). Mediação de conflitos para iniciantes, praticantes e docentes (3a ed. rev., atual. e ampl.). (pp.411-426). Salvador: JusPodivm.

Bush, R. A. B. & Folger, J. P. (2005). The promise of mediation: the transformative approach to conflict. Jossey-Bass.

Câmara, A. F. (2016). O novo processo civil brasileiro. (2a ed.). Editora Atlas.

Cappelletti, Mauro; Garth, Bryant. Acesso à Justiça. Tradução de Ellen Gracie Northfleet. Porto Alegre: Fabris, 2015.

Cardoso, B. & Chemin, B. F. (2018). O testamento vital diante do direito à vida. Revista Destaques Acadêmicos, Lajeado, 10(2), p.34-52. doi: http://dx.doi.org/10.22410/issn.2176-3070.v10i2a2018.1709.

Centro Brasileiro de Mediação e Arbitragem. (2015). Regulamento de Mediação. https://cbma.com.br/wp-content/uploads/2022/02/Regulamento-de-Mediacao.pdf

Cobo, F. F. Consensualidade e Gerenciamento do Processo: a Conciliação e a Mediação como Instrumentos de Fomento ao Gerenciamento Consensual do Processo [Tese de Doutorado, Faculdade de Direito, Universidade de São Paulo]. Biblioteca Digital Usp. https://www.teses.usp.br/teses/disponiveis/2/2137/tde-22072022-083325/publico/2947448DIO.pdf

Conselho Nacional das Instituições de Mediação e Arbitragem. (n.d.). https://conima.org.br/institucional/quem-somos/

Constantino, C. A. (2009). Second Generation Organizational Conflict Management Systems Design: A Practitioner's Perspective on Emerging Issues (Segunda Geração dos Design de Sistema de Gerenciamento de Conflitos: a perspectiva de um profissional sobre questões emergentes). In: Harvard Negotiation Law Review. p. 81-100. Disponível em: https://heinonline.org/HOL/LandingPage?handle=hein.journals/haneg14&div=3&id=&page=

Deyo, S.; Jessar, K. (2015). Applying the Ombuds Role to Your Organization (Aplicando a função de Ombuds à sua organização). ABA Section of Labor and Employment Law 9th Annual Conference, November 2015, Philadelphia, PA. Disponível em: https://abaombudsday.wordpress.com/wp-content/uploads/2018/09/applying-the-ombuds-role-to-your-organization.pdf

Edmondson, A. C. (2020). A Organização Sem Medo: criando segurança psicológica no local de trabalho para aprendizado (T. Cots, Trad.). Rio de Janeiro: Alta Books.

Fagundes, R. (2019). Mediação organizacional na prática. In A. Braga Neto (Org.). Mediação empresarial: experiências brasileiras (pp.51-68). São Paulo: Editora CLA.

Faleck, D. (2014). Mediação empresarial: introdução e aspectos práticos. Revista de Arbitragem e Mediação, 11(42), 263-278.

Faleck, D. (2018). Manual de Design de Sistemas de Disputas: criação de estratégias e processos eficazes para tratar conflitos. Rio de Janeiro: Lumen Juris.

Faleck, D. (2020). Um passo adiante para resolver problemas complexos: desenho de sistema de disputas. In C. A. Salles et al. (Coord.). Negociação, mediação, conciliação e arbitragem: curso de métodos adequados de solução de controvérsias (3a ed. rev., atual. e ampl.). (pp.108-131). Forense.

Farias, B. O. de & Ferreira, D. B. (2022). Negociação Eletrônica e a Comunicação Não-Verbal. In B. Farias, D. B. Ferreira (Org.). Mediação e Conciliação: Aplicações Práticas para Resolução de Conflitos. Ambra University Press.

Ferreira. A. B da C. P. (2023). O sistema norte-americano e a adoção de mecanismos que implementam a paz: uma análise comparativa. In: Métodos Adequados de Solução de Conflitos: reflexões teóricas e aplicabilidade estratégica

Ferreira. A B. da C. P.; Andrade, A. D. de; Palcoski, R. A. (2019). O Reverberar da Autonomia da Vontade no Direito e Processo do Trabalho: Primeiros passos de uma análise sistêmica. In Revista da Escola Judicial do Tribunal Regional do Trabalho (Região, 22). V. 1, n. 1, 2019. Teresina: Tribunal Regional do Trabalho da 22ª Região. Ejud22. (pp. 130-150.)

Fisher, A. L. (2002). Um resgate conceitual e histórico dos modelos de gestão de pessoas. In M. T. L. Fleury, As pessoas na organização (pp.11-34). Editora Gente.

Fisher, R. et al. (2018). Como chegar ao sim. Rio de Janeiro: Sextante.

Gabbay, D. M. (2011). Mediação e Judiciário: condições necessárias para a institucionalização dos meios autocompositivos de solução de conflitos [Tese de Doutorado, Faculdade de Direito, Universidade de São Paulo]. Biblioteca Digital Usp. https://www.teses.usp.br/te

ses/disponiveis/2/2137/tde-24042012-141447/publico/Daniela_Monteiro_Gabbay.pdf

Gabbay, D. M.; Cunha, Luciana G. (Coord). (2010). O Desenho de Sistemas de Resolução Alternativa de Disputas para Conflitos de Interesse Público. Série Pensando o Direito. Fundação Getúlio Vargas (FGV). Acesso em 10 de novembro de 2023, https://docplayer.com.br/9783553-Serie-pensando-o-direito.html

Gadlin, Howard. (2005). Bargaining in the Shadow of Management: Integrated Conflict Management Systems (Negociação à sombra da gestão: sistemas integrados de gestão de conflitos). In: Moffit, M.L; Bordone, R. C.

The Handbook of Dispute Resolution. San Francisco, CA: Jossey-Bass Press, p. 371-385.

Gaick, Valcerli Germano. (2015). Conflitos Organizacionais: Estudo de Caso no Hospital Universitário Cassiano Antonio Morais – HUCAM. Dissertação de Metrado. Vitória- ES. URL: http://repositorio.ufes.br/handle/10/1564

Gao - United States General Accounting Office. (2001) The Role of Ombudsmen in Dispute Resolution (O papel de Ombudsmen em Resolução de Disputas). https://www.gao.gov/assets/gao-01-466.pdf

Gimenez, Charlize P. Colet. (2017). A garantia do acesso a uma ordem jurídica justa pelos métodos autocompositivos: o estudo da mediação como meio complementar de tratamento adequado dos conflitos. In F. Duarte; R.M. Iorio Filho; A.P.F. Felipe; D. Meirelles. (Coord.). Mediações: práticas, discursos e reflexões. pp. 59-72. Niterói: PPGSD – Programa de Pós-graduação em Sociologia e Direito.

Grinover, Ada Pellegrini. (2007). Fundamentos da Justiça conciliativa. Revista de Arbitragem e Mediação, v. 14, jul./set., 2007, pp. 16-21.

Grinover, Ada Pellegrini. (2015). Os métodos consensuais de solução de conflitos no Novo CPC. In: O Novo Código de Processo Civil: questões controvertidas. São Paulo: Atlas, 2015.

Grosman, C. F. & Bayer, S. R. G. O. (2021). As oportunidades da aplicação da mediação no âmbito empresarial. In T. Almeida et al. (Org.). Mediação de conflitos para iniciantes, praticantes e docentes (3a ed. rev., atual. e ampl.). (pp. 443-455). Salvador: JusPodivm.

International Finance Corporation. (2011a). Resolving Corporate Governance Dispute: Rationale (Resolvendo Disputas de Governança Corporativa: Justificativa). Vol. 1. https://www.ifc.org/content/dam/ifc/doc/mgrt/adr-toolkit-volume1.pdf

International Finance Corporation. (2011b). Resolving Corporate Governance Dispute: Implementation (Resolvendo Disputas de Governança

Corporativa: Implementação). Vol. 2. https://www.ifc.org/content/dam/ifc/doc/mgrt/adr-toolkit-volume2.pdf

International Finance Corporation. (2011c). Resolving Corporate Governance Dispute: Training (Resolvendo Disputas de Governança Corporativa: Treinamento). Vol. 3. https://www.ifc.org/content/dam/ifc/doc/mgrt/adr-toolkit-volume3.pdf

International Finance Corporation. (2012). Private Sector Opinion 28: When Grandpa is Also the CEO - Resolving Differences in Family-Owned Businesses. (Opinião do Stor Privado 28. Quando o vovô também é o CEO – Resolvendo diferenças em empresas familiares). https://www.ifc.org/content/dam/ifc/doc/mgrt/pso-when-grandpa-ceo.pdf

International Finance Corporation. (2017). The Mediator Handbook (O Livro do Mediador). https://www.ifc.org/content/dam/ifc/doc/mgrt/handbook-mediator-training-march-2020.pdf

Isoldi, A. L. (2021). A mediação como mecanismo de pacificação urbana. In. T. Almeida et al. (Org.). Mediação de conflitos: para iniciantes, praticantes e docentes (2a ed. rev., atul, e ampl.). (pp.501-512). Salvador: JusPodivm.

Jesus, C. C. S. de & Almeida, J. S. C. (2020). Conflitos organizacionais e doenças psicossomáticas: uma relação possível? Revista Valore, Volta Redonda, 5 (edição especial), pp.193-203. https://revistavalore.emnuvens.com.br/valore/article/download/765/521

Jonathan, E. & Americano, N. dos S. (2021). Diferentes Modelos: Mediação Transformativa. In T. Almeida et al. (Org.). Mediação de conflitos para iniciantes, praticantes e docentes (2a ed. rev., atual. e ampl.). (pp.201-223). Salvador: JusPodivm.

Kuehn. Bridget M. (2019). Growing Evidence Linking Violence, Trauma to Heart Disease. (Evidências crescentes que ligam a violência, trauma para doença cardíaca). In. Circulation, Volume 139, Number 7. https://www.ahajournals.org/doi/10.1161/CIRCULATIONAHA.118.038907

Lagrasta, Valéria F. (2022). Inovações Tecnológicas nos Métodos Consensuais de Solução de Conflitos. Saraiva Educação SA.

Lagrasta, Valéria F. (2023). Solução de Conflitos, Identidade Cultural e sua Interface com a Justiça. 1ª ed. São Paulo: Editora Cedes.

Lagrasta, V. F. (2024). Métodos Consensuais de Solução de Conflitos no Judiciário: aprendizagem evolutiva (1a ed.). Editora Publique.

Lederach, J. P. (2012). Transformação de conflitos (T. V. Acker, Trad.). São Paulo: Palas Athena.

Maia, A. (2015). A Gestão Estratégica de Conflitos Empresariais pela Mediação. Cadernos FGV Projetos: Mediação, 10(26), 102-109. https://repositorio.fgv.br/server/api/core/bitstreams/db2d937c-8f61-471e-a74f-aaa60cde305c/content

Maia, A. et al. (2021a). A Mediação como ferramenta de pacificação nas empresas. In T. Almeida et al. (Org.). Mediação de conflitos para iniciantes, praticantes e docentes (3a ed. rev., atual. e ampl.). (pp.427-442). Salvador: JusPodivm.

Maia, A. et al. (2021b). Origens e Norteadores da Mediação de Conflitos. In T. Almeida et al. (Org.). Mediação de conflitos para iniciantes, praticantes e docentes (3a ed. rev., atual. e ampl.). (pp.45-56). Salvador: JusPodivm.

Mazzonetto, Nathalia. (2021). A escolha da mediação e do mediador nas disputas de Propriedade Intelectual – to be or not to be an expert? Revista de Arbitragem e Mediação, São Paulo, RT, v. 42, p. 279. URL: https://mommalaw.com/wp-content/uploads/2020/05/Anexo-1.pdf

Mazzonetto, N.; Perlman, M. (2019). Breves considerações a respeito da pertinência da discussão: a sociedade dos dados e a relevância dos pactos de não concorrência. In A. Brega Neto et al. (Org.). Mediação empresarial: experiências brasileiras. São Paulo: Editora CLA.

McIntyre, S. E. (2007). Como as pessoas gerem conflitos nas organizações: estratégias individuais negociais. Análise Psicológica, 2(25), 295-305. https://repositorio.ispa.pt/bitstream/10400.12/6079/1/2007_25%282%29_295.pdf

Moreira, R. B.; Cunha, P. (2007). Efeitos no Conflito nas Organizações: Ameaça ou Contributo para o desenvolvimento organizacional? In Revista Pessoa, F. Aforismos e Afins. Editor: Assírio & Alvim. Lisboa, Edição 12-2003. URL: https://bdigital.ufp.pt/bitstream/10284/443/1/152-161FCHS04-9.pdf

Pantoja, F. M.; Almeida, R. A. de. Os Métodos "Alternativos" de Solução de Conflitos (ADRs). In T. Almeida et al. (Org.). Mediação de conflitos para iniciantes, praticantes e docentes (3a ed. rev., atual. e ampl.). (pp.57-72). Salvador: JusPodivm.

Penna, T. (2023). Mediação Intraorganizacional preventiva e Compliance Trabalhista. In A. Viegas et al. (Org.). Gestão Positiva de conflitos: uma ponte do litígio ao consenso (pp.95-122). Rio de Janeiro: Editora Processo.

Pereira, F. A. G. (2016). A nova gestão de conflitos organizacionais: a utilização de métodos adequados para prevenção, administração e resolução de conflitos nas organizações. In A. S. Maillaty et al. (Coord.). Formas consensuais de solução de conflitos. Florianópolis: CONPEDI. Disponível em: https://www.indexlaw.org/index.php/revistasolucoesconflitos/article/view/1135

Ramalho, M. C. K.; Porto, J. B. (2021). Validity Evidence of the Team Psychological Safety Survey (Evidências de Validade da Escala de Segurança Psicológica em Equipe)., Psico-USF, Bragança Paulista, v. 26, n. 1, pp. 165-176. Disponível em: https://www.scielo.br/j/pusf/a/RFKzG3VJ7CCkDfGwr3mvKqj/?format=pdf&lang=en

Reis, C. N. (2019). Mediação empresarial em Portugal: novos rumos, velhos obstáculos?! In A. Braga Neto et al. (Org.). Mediação empresarial: experiências brasileiras (pp.25-32). São Paulo: Editora CLA.

Sadek, M. T. A. (2017). Direitos e sua concretização: judicialização e meios extrajudiciais. Cadernos FGV Projetos, 12(30), 40-49. https://fgvprojetos.fgv.br/sites/fgvprojetos.fgv.br/files/cadernosfgvprojetos_30_solucaodeconflitos_0.pdf

Salles Filho, N. A. (2019). Cultura de paz e educação para a paz: Olhares a partir da complexidade. São Paulo: Pairus.

Schein, E. H. & Schein, P. (2020). Cultura Organizacional e Liderança (5a ed.). (P. C. R. Saldanha e D. Vieira, Trad.). São Paulo: Atlas.

Shonk, K. (2024). Business Conflict Management (Gestão de Conflitos Empresariais). https://www.pon.harvard.edu/daily/conflict-resolution/business-conflict-management/

Teixeira, M. L. M., Domenico, S. M. R. de. (2008). Fator Humano: Uma Visão Baseada em Stakeholders. In D. M. M. Hanashiro et al. (Org.). Gestão do Fator Humano: uma visão baseada nos stakeholders (2a ed.). São Paulo: Saraiva.

Vezzulla, J. C. (2005). La Mediación para uma Comunidad Participativa (A Mediação para uma Comunidade Participativa). Instituto de Mediação e Arbitragem de Portugal.

Watanabe, K. (2005). Cultura da sentença e cultura da pacificação. In F. L. Yarshel & M. Z. de Moraes (Org.). Estudos em homenagem à professora Ada Pellegrini Grinover. São Paulo: DPJ.

Watanabe, K. (2017). Depoimento. Cadernos FGV Projetos, 12(30), 22-29. https://fgvprojetos.fgv.br/sites/fgvprojetos.fgv.br/files/cadernosfgvprojetos_30_solucaodeconflitos_0.pdf

www.ingramcontent.com/pod-product-compliance
Lightning Source LLC
Chambersburg PA
CBHW071655210326
41597CB00017B/2216